Descentralização e poder local
A experiência das subprefeituras no município de São Paulo

Descentralização e poder local
A experiência das subprefeituras
no município de São Paulo

Editora Hucitec
Finatec
São Paulo, 2004

© Direitos autorais, 2004
Secretaria Municipal de Subprefeitura
Prefeitura Municipal de São Paulo
Rua Líbero Badaró, 425, 35º andar
São Paulo, SP
Telefone: (55 11) 3101-5050
Fac-símile: (55 11) 3241-3270
e-mail: descentralização@prefeitura.sp.gov.br
home page: www.prefeitura.gov.sp.br

© Direitos de publicação
Edições Mandacaru Letra e Arte Ltda.
Rua do Oratório, 3705 – 03195-100 São Paulo, Brasil
Telefone/Fax: (55 11) 3083-7419
Atendimento ao Leitor: (55 11) 3060-9273
e-mail: lerereler@hucitec.com.br
home page: www.hucitec.com.br

Depósito Legal efetuado.

EQUIPE DE REALIZAÇÃO

Bernadete Lopardi
(criação e arte de capa)

Milena Rocha
(editoração eletrônica)

CIP-Brasil. Catalogação-na-Fonte
Sindicato Nacional dos Editores de Livros, RJ

D485

Descentralização e poder local: a experiência das subprefeituras no município de São Paulo / Fundação de Empreendimentos Científicos e Tecológicos, FINATEC. – São Paulo : HUCITEC : FINATEC, 2004.

Apêndice
ISBN 85-271-0648-5

1. Administração municipal – Participação do cidadão – São Paulo (SP).
2. Descentralização na administração pública – São Paulo (SP). I. Fundação de Empreendimentos Científicos e Tecnológicos.

04-1955   CDD 352.14098161
                             CDU 352.072.1(815.61)

Agradecimentos

DE JULHO DE 2003, quando as pesquisas começaram, até a impressão deste livro, em agosto de 2004, várias pessoas colaboraram para que ele deixasse de ser uma mera idéia e ganhasse forma.

Gostaríamos de agradecer aos subprefeitos e subprefeitas e aos secretários e secretárias do município de São Paulo e suas equipes, além dos trabalhadores da Secretaria Municipal de Subprefeituras que com seu trabalho e dedicação ajudaram a contar um pouco da nova história administrativa de São Paulo.

Da mesma forma, o trabalho dos consultores e do setor administrativo da Finatec que acompanharam e assessoraram esse processo tão fundamental para a democratização das relações entre poder público e sociedade.

Sumário

	PÁG.
Agradecimentos	5
Prefácio – Descentralização e poder local: a experiência das subprefeituras em São Paulo, *Glauco Arbix*	9
Apresentação, *Carlos Zarattini*	13
Introdução	15
Capítulo 1 Repensar a gestão pública e a experiência da descentralização em São Paulo	17
Capítulo 2 Histórico da descentralização em São Paulo	34
Capítulo 3 As subprefeituras	41
Capítulo 4 Gestão democrática do território	51
Capítulo 5 Estrutura organizacional das subprefeituras	60
Capítulo 6 Arquitetura da descentralização	68

sumário

Capítulo 7
Reestruturação dos fluxos de trabalho 85

Capítulo 8
Gestão e desenvolvimento de pessoas 95

Capítulo 9
Praças de Atendimento. 103

Capítulo 10
Gestão orientada por indicadores de desempenho . . 110

Conclusão 123

Apêndice
Algumas leis que mostram o desenvolvimento do processo
de descentralização de São Paulo 131

Bibliografia 137

Descentralização e poder local: a experiência das subprefeituras em São Paulo

■ ■ ■

É CADA VEZ MAIS COMUM ENTRE ACADÊMICOS E POLÍTICOS a percepção de que as concepções de um Estado burocrático, caracterizado por um modelo organizacional baseado na rigidez organizacional e na inflexibilidade de sistemas hierarquizados, não conseguem responder aos desafios impostos pela diversidade do mundo real e da demanda da população por eficiência e eficácia nas políticas públicas.

A tendência à descentralização iniciada notadamente nos anos 80 e 90, para além das dificuldades econômicas e fiscais, evidenciava a preocupação do Estado em responder à crescente perda de eficiência dos serviços públicos e administrativos. Não raramente essa perda de eficiência transformou-se em crise gerencial, expressão de uma burocracia avessa às mudanças de hábito e das instituições. Foi esse o contexto que marcou o debate sobre a reforma do Estado nos anos 90.

De um lado, e até paradoxalmente, muitos defendiam a diminuição do Estado como forma de torná-lo mais eficiente e eficaz. Nessa linha de argumentação, a descentralização fiscal e administrativa do Estado foi vista de forma positiva justamente por reduzir o tamanho do Estado e por colocar o Estado mais próximo do cidadão, o que ampliaria seus mecanismos de prestação de contas (accountability). Esses mesmos analistas que viram uma solução na descentralização fiscal e administrativa, argumentaram que as Organizações Não-Governamentais (ONGs) seriam mais flexíveis e eficientes do que as instituições de Estado na oferta de serviços públicos. As ONGs foram vistas, então, não como entidades complementares à atuação do Estado, mas sim como instituições concorrentes.

Outra matriz de argumentação defendeu a reforma do Estado e a descentralização fiscal e administrativa. Não como uma simples *forma de redução do Estado, mas como um meio de recuperar a sua capacidade de planejamento, administrativa e gerencial, tornando-o mais próximo do cidadão, aumentando a transparência das ações de governo e estimulando a participação da população no desenho e monitoramento das políticas públicas. O cidadão, nessa visão, deixaria de ser apenas um agente passivo e passaria a ser participante ativo na busca de soluções para os seus problemas. É precisamente nesta vertente do debate atual sobre a recuperação da representatividade e legitimidade do Estado que as idéias registradas neste volume se inserem.*

Este livro conta a experiência na implantação das subprefeituras na Capital paulista que teve início em 1º de agosto de 2002, quando a então prefeita de São Paulo, Marta Suplicy, sancionou a Lei 13.339 que criou as 31 subprefeituras da cidade. Essa iniciativa da administração municipal é o resultado de um longo debate sobre a reforma do modelo de gestão da cidade de São Paulo, tentando reverter o quadro de acusações de corrupção que marcaram a história das administrações regionais de São Paulo nos anos de 1992 a 1999.

Nessas condições, a tarefa de reforma do Estado e descentralização administrativa da Prefeitura de São Paulo na gestão da prefeita Marta Suplicy estava longe de ser uma tarefa simples em uma metrópole de dez milhões de habitantes.

Uma cidade do porte de São Paulo tem os problemas urbanos comuns que caracterizam cidades grandes (problemas de transporte, problemas da escassez de moradias, congestionamento etc.) e problemas que, geralmente, não aparecem na esfera municipal, como a questão regional. Devido a sua escala geográfica e sua imensa população, a cidade de São Paulo enfrenta a falta de dinamismo econômico e a concentração excessiva de pobreza em espaços sub-regionais. Analisada dessa forma, por exemplo, a região Leste da cidade de São Paulo deixa de ser apenas um grande dormitório com problemas derivados da expansão do centro para ser analisada como um espaço sub-regional, com dinâmicas próprias, com graves problemas regionais, que exigem soluções e ações concentradas na superação da condição de baixa renda de sua população e na ausência de perspectivas de seu desenvolvimento. A persistência de uma ótica analítica do tipo "periferia-centro" impede, de fato, a visua-

prefácio

lização dessas dinâmicas e o equacionamento de sua superação, uma vez que a causa primeira de suas mazelas seria sempre exterior à própria região.

Foi para responder a esse desafio de procurar soluções para os problemas locais nos próprios espaços sub-regionais de São Paulo, aproximando mais o governo do cidadão, que a Prefeitura de São Paulo implantou as subprefeituras na Capital, que devem ser, conforme o artigo 5º da Lei 13.399, "[...] indutoras do desenvolvimento local, planejando políticas públicas a partir das vocações regionais e dos interesses manifestos pela população [...]".

O presente trabalho, ao explicar de maneira sucinta e elegante de que forma a Prefeitura de São Paulo avançou no planejamento e na administração regionalizada, contribui para o debate teórico sobre o novo regionalismo e, ao mesmo tempo, subsidia a discussão sobre a reforma do Estado com dados e informações sobre a experiência de São Paulo.

Um dos principais ensinamentos desse livro é mostrar que a regionalização da administração de São Paulo não foi simplesmente a instalação física de unidades administrativas em sub-regiões da cidade. A descentralização foi um processo muito mais complexo que exigiu uma reforma de toda a administração pública, reordenando os mecanismos de capacitação de recursos humanos e de estruturação de novos mecanismos de acompanhamento e avaliação de políticas municipais. O Orçamento Participativo (OP) implantado pelo governo de Marta Suplicy já no primeiro ano de sua gestão estava inserido nessa lógica de reforma, criando mecanismos de controle social e participação cidadã. Em 2003, o OP passou também a ser descentralizado, envolvendo a participação de cerca de oitenta mil pessoas nas 31 subprefeituras. A existência dessas subprefeituras facilitou a organização dos debates e a própria organização e convocação das reuniões. Pode parecer pouco, diante do gigantismo de São Paulo. Mas não deixa de ser um passo tão pioneiro quanto promissor.

A formação das 31 subprefeituras deflagrou uma profunda mudança na estrutura burocrática do governo da cidade de São Paulo. O desafio está em quebrar a departamentalização tradicional no serviço público, criando coordenadorias de integração das secre-

glauco arbix

tarias em todas as subprefeituras. Esse esforço de coordenação se traduziu na criação de sete coordenadorias no âmbito de cada subprefeitura, encarregadas de executar a política de governo, sempre de acordo com as especificidades locais.

A mudança na organização da máquina pública municipal não teria sido efetiva se não fosse acompanhada de uma política de valorização e capacitação do servidor público. No caso específico de São Paulo, estamos falando de cerca de 170 mil funcionários públicos, sendo 132 mil funcionários da ativa que precisavam entender e adequar-se à nova estrutura organizacional do setor público municipal. Como bem mostra a experiência mundial, a falta de capacidade dos governos locais e dos servidores públicos para assumir novas funções decorrentes de maior descentralização fiscal e administrativa termina por frustrar os benefícios esperados dessas reformas.

Assim, ciente desse problema, a implantação das subprefeituras de São Paulo desde o seu início envolveu um cuidado com a capacitação e transferência de funcionários públicos dos órgãos centrais da administração estadual para as subprefeituras. No caso da capacitação, foi formado um grupo composto por diversos órgãos do governo municipal e entidades parceiras no início de 2003 para ministrar um curso que durou mais de quatro meses, capacitando os coordenadores de áreas das subprefeituras.

Apesar de ainda ser um projeto recente e em andamento, a experiência das subprefeituras em São Paulo é um dos mais audaciosos de modernização da máquina pública, voltado para a melhoria do planejamento, da gestão administrativa, da execução e do acompanhamento das políticas municipais.

Desse ponto de vista, este livro é leitura recomendada para todos os envolvidos com planejamento, gestão pública e desenvolvimento no País.

— GLAUCO ARBIX
Departamento de Sociologia, USP
Presidente do Ipea

Apresentação

■ ■ ■

O LIVRO QUE AQUI SE APRESENTA RELATA O RESULTADO *de um longo debate, consubstanciado no programa de governo da prefeita Marta Suplicy. Passaram-se doze anos desde a inscrição na Lei Orgânica do Município, elaborada em 1990, prevendo que o Poder Executivo fosse exercido pelo prefeito, auxiliado pelos secretários municipais e pelos subprefeitos (art. 56 da LOM), até agosto de 2002, quando foi aprovada a lei que criou as subprefeituras.*

Diferentemente da experiência do passado, a gestão da prefeita Marta Suplicy, ao sancionar a lei, na verdade inaugurou um processo de negociação visando à construção gradual das subprefeituras. Ninguém se iludiu que uma mudança de tal porte se fizesse prontamente. Assim, foram compostos grupos de trabalho bilaterais com todas as secretarias municipais, para definir a descentralização de atribuições, estrutura física, orçamento e, principalmente, a realocação de servidores.

Em seguida, foi preciso pensar um método que evitasse a descontinuidade das ações e serviços que estavam sendo descentralizados, mas que ao mesmo tempo reformulasse a maneira como eram geridos. O desafio, obviamente, não era somente em construir um método, mas também lidar com uma cultura organizacional arraigada e com práticas enraizadas que precisaram ser alteradas.

A população, conhecedora do passado recente, foi testemunha das mudanças ocorridas. No lugar do desgoverno, temos o Estado presente, que organiza o território, disponibiliza seus serviços. Os espaços de participação, consolidados com a aprovação dos conselhos de representantes, garantem o controle social sobre as decisões. A diversidade local e a integração de políticas fazem parte do

apresentação

planejamento das ações nas subprefeituras e das diretrizes de governo.

Enfim, trata-se de um processo que transformou o modo de pensar o governo numa cidade cujas demandas populacionais são bastante díspares, sendo assim necessária e justa a aproximação do poder público aos moradores desta metrópole.

A decisão de implementar as subprefeituras gradualmente aponta para um processo que se consolida no tempo. O que foi realizado desde a elaboração e aprovação da lei – quando tínhamos como titulares da pasta Arlindo Chinaglia e Jilmar Tatto e, posteriormente, com Antônio Donato, que estruturou a fase de negociação – até o momento atual de amadurecimento do projeto, caracteriza-o como produto coletivo, pois as decisões foram pautadas por discussões entre a prefeita, as secretarias, subprefeituras e representantes do poder local.

Este livro é o relato dessa revolução administrativa que, dentro dos seus limites, deve colaborar na discussão de como construir o Estado que deve dar conta do fortalecimento da democracia e de promover uma sociedade mais justa.

– CARLOS ZARATTINI
Secretário das Subprefeituras

Introdução

■ ■ ■

ESTE LIVRO nasceu da intenção da Secretaria de Subprefeituras da Prefeitura de São Paulo e da Fundação de Empreendimentos Científicos e Tecnológicos (Finatec) de registrar a experiência da implantação das subprefeituras na capital paulista. A idéia era ter um material que descrevesse as motivações, os acontecimentos e as dificuldades do processo, pensado durante muito tempo, e que se tornou realidade no dia 1º de agosto de 2002, quando a prefeita de São Paulo, Marta Suplicy, sancionou a Lei 13.399 que criou as 31 subprefeituras da cidade.

O ineditismo da experiência confere importância ao livro, pois a Prefeitura de São Paulo, ao tomar tal decisão, deu um passo significativo na implantação de uma nova cultura de gestão do Estado.

A descentralização transferiu o poder de decisão para os agentes locais da administração municipal, garantindo que os órgãos regionais tenham autonomia para formular políticas específicas para os diversos territórios que compõem a cidade, estabelecer prioridades e planejar o atendimento das demandas, aumentando, assim, a eficiência e a eficácia dos procedimentos. Aproximou o poder público do cidadão, tornou maior a transparência das ações do governo e estimulou a participação da população na busca de soluções para os seus problemas.

Este livro mostra o difícil desenvolvimento de um processo que incide sobre interesses, corporações, hábitos e rotinas já solidificados. Além disso, revela o desafio posto para os que trabalharam arduamente e mudaram a forma de administrar uma cidade de mais de dez milhões de habitantes, cuja dinâmica urbana é intensa e que

introdução

apresenta um conjunto de realidades conflitantes, com características locais e culturais muito diversas.

Durante a elaboração deste livro a descentralização adquiriu consistência, amadureceu. As cidades dentro da grande cidade tomaram corpo e os subprefeitos compreenderam o desafio de serem, de fato, gestores. A Prefeitura de São Paulo cumpriu sua meta e hoje apresenta um novo modelo transparente, democrático e descentralizado de gestão pública.

Ao mesmo tempo, a história dessa revolução administrativa também ganhava forma e conteúdo por meio de pesquisas em centenas de documentos e da realização de aproximadamente oitenta horas de entrevistas com pessoas que pensaram, decidiram e viabilizaram as subprefeituras da cidade de São Paulo.

Espera-se que o relato da experiência possa transformar-se numa ferramenta para novas e bem-sucedidas ações de democratização do poder público.

Capítulo 1
Repensar a gestão pública e a experiência da descentralização em São Paulo

▣ ▣ ▣

OS ANOS 70 MARCARAM O FIM DA CHAMADA "era de ouro do capitalismo", período que durou do pós-guerra até a segunda crise do petróleo em 1979. Esses anos foram caracterizados por altas taxas de crescimento na economia, impulsionadas pelo consumo de massa, principalmente de bens duráveis. O estado de bem-estar social, *welfare state*, consolidou-se nos países centrais, garantindo a previdência e o consumo mínimo dos desfavorecidos para uma sobrevivência digna.

A estabilidade social gerada se assentava no ciclo virtuoso: investimento, pleno emprego e financiamento público, o que dava ao capitalismo ocidental uma face de infindáveis possibilidades de desenvolvimento. O Estado como promotor desse desenvolvimento garantia a reprodução econômica e o financiamento das políticas públicas. A crise do final dos anos 70 solapou essa estabilidade e questionou os pilares de sua sustentação, dentre as quais o papel do Estado e a sua forma de organização.

O choque do petróleo, seguido pela elevação das taxas de juros americanas, levou o mundo a um período de recessão econômica. Inverteu-se o ciclo virtuoso observado anteriormente: a taxa média de crescimento refluiu, tem-se o desemprego, endividamento público e instabilidade política. A crise faz com que o Estado se ajuste. Torna-se impossível manter os mesmos níveis de investimento e de gastos sociais, principalmente financiando os déficits orçamentários cres-

repensar a gestão pública e a experiência da descentralização

centes com aumento de impostos. Portanto, esse cenário abre espaço para uma nova discussão, que questiona as políticas keynesianas e o modelo tradicional e burocrático de organização da máquina administrativa.

O início dos anos 80 é marcado pelas políticas liberalizantes, encampadas pelos governos conservadores nos Estados Unidos e na Inglaterra. Essas políticas propunham a privatização das empresas estatais, o desmonte dos sistemas de proteção social e, por conseqüência, a redução do tamanho e das funções do Estado. Dessa forma, a crise fiscal se resolveria com o encolhimento dos gastos e com reformas que buscavam a eficiência no gerenciamento da máquina administrativa. A ideologia privatizante trazia como referencial os preceitos da administração de empresas para o setor público. Propunha-se organizar setores em torno de metas, avaliar os servidores pelos resultados e fazer com que as unidades de prestação de serviços diretos à população concorressem por recursos cada vez mais escassos. Esse conjunto de medidas de gestão, em oposição ao modelo burocrático, denominava-se gerencialismo.

No entanto, ao longo da década seguinte, a realidade mostrou que os efeitos dessas políticas não conseguiram reverter o quadro de estagnação, tendo havido crescimento da concentração de renda no interior dos países e entre eles. As experiências de reforma do Estado, mesmo quando apontaram ganhos de eficiência na gestão da máquina pública, também evidenciaram que o debate estava fora de lugar. Na América Latina, o ajuste estatal foi ainda mais deletério por não haver um sistema de proteção social consolidado, isto é, muitas demandas não são atendidas numa situação de grande desigualdade. Portanto, diminuir o Estado onde nem sequer conseguiu-se promover alguma satisfação social é prova de que a questão está deslocada.

A discussão em torno desses temas é fundamental para situar a experiência apresentada neste livro. A descentralização no município de São Paulo, de maneira modesta e localizada, contribui para

repensar a gestão pública e a experiência da descentralização

que esse debate avance, pois com ela procura-se um caminho para modernizar a máquina e ao mesmo tempo institucionalizar canais democráticos de gestão. Não se trata de sanar a crise fiscal enxugando o Estado sem critérios, mas fazer com que se encontre o tamanho adequado de sua estrutura, garantindo os serviços e a execução de políticas que respondam ao desafio de diminuir a desigualdade na metrópole.

Descentralização e modernização gerencial

O debate recente relativo às experiências de reforma do Estado tem trazido à tona conceitos que buscam ampliar o horizonte das novas formas de gestão para além das correntes mais conservadoras que pautaram o tema até há pouco.[1] O conceito de "nova gestão pública" como

"el paradigma [. . .] [que] apareció como un planteamiento éticamente neutro, ligado a racionalidades funcionales de carácter estrictamente eficientista. Poco a poco, la conexión neoliberal postburocratismo eficientista se fue poniendo de manifiesto."[2]

A essa posição de natureza mais tecnicista e empresarial para analisar o Estado, agregou-se não apenas a idéia de um modelo gerencial de bases pós-burocráticas, mas também mantenedor de características peculiares daquilo que é essencialmente público. Uma síntese

---

[1] Uma boa leitura sobre esse tema é o artigo de Fernando Luiz Abrucio. "Os avanços e os dilemas do modelo pós-burocrático: a reforma da administração pública à luz da experiência internacional recente". In: Luiz Carlos Bresser Pereira & Peter Keven Spink. *Reforma do Estado e administração pública gerencial*. 4ª ed. Rio de Janeiro: Editora FGV, 2001.

[2] Subirats. "Qué gestión pública para que «sociedad»? Una mirada sobre el ejercicio de la gestión pública en las sociedades", citado em Carles Ramió Matas. *Las debilidades y los retos de la gestión pública en red con una orientación tecnocrática y empresarial*. Barcelona: Universidad Pompeu Fabra, mimeografado, 2003.

repensar a gestão pública e a experiência da descentralização

de natureza superior que fomente uma cultura administrativa com valores

> "superiores de carácter público. Deben diseñarse unas estrategias que tengan como objeto revitalizar valores públicos como la lealtad institucional, la integridad, la objetividad e independencia, la competencia profesional, la confidencialid, el respeto a las personas y reforzar las dimensiones políticas, sociales y técnicas que permitan diseñar uma «infraestructura de la ética pública»."[3]

Esse conceito se opõe frontalmente, de um lado, às visões privatizantes de reforma do Estado como protagonizado pela experiência inglesa e americana do início dos anos 80 e, de outro, ao senso comum que, na comparação entre as organizações públicas e privadas, vê nas últimas o modelo de eficiência e eficácia a ser seguido.

A questão assim apresentada gera uma falsa polarização, pois tende a cristalizar posições que desqualificam o necessário debate sobre a revisão do modelo burocrático de organização do Estado. De um lado, os defensores de uma agenda de modificações conservadoras (privatização, terceirização de serviços, redução das estruturas etc.) que propugna a minimização e externalização dos serviços públicos. De outro, os que por princípio defendem o público das investidas privatizantes e que, no mais das vezes, assumem posições corporativas e anacrônicas do que deve ser público e estatal, propondo a manutenção de uma visão maximalista e internalista sobre as atividades a serem executadas pelo Estado.

Nesse contexto, o debate sobre a descentralização assume uma posição estratégica, pois constitui uma resposta provocadora para cidades de médio e grande porte. Constata a necessidade de rever o modelo burocrático, sem adotar as premissas de privatização de serviços públicos para melhorar a eficiência e eficácia da gestão pú-

---

[3] Subirats, op. cit., pp. 22-3.

repensar a gestão pública e a experiência da descentralização

blica, mas consciente de que a forma de gerenciar deve ser revista. As experiências de descentralização e/ou desconcentração[4] apontam questões centrais para a construção de um novo modelo pós-burocrático que combine defesa do setor público com revisão de suas estruturas gerenciais e administrativas.

Esse processo dialoga de forma direta e criativa com a descentralização que a Prefeitura de São Paulo está promovendo através da implantação de 31 subprefeituras. Como exposição da experiência que busca apresentar alternativas para a crise do modelo burocrático em cidades de médio e grande porte, é vital que este livro não apenas descreva os aspectos centrais da iniciativa, mas abra espaço para a reflexão teórica.

A descentralização, da forma como foi concebida e implantada,

"[. . .] solo podrá ser plenamente realizada en el caso de que sean modificadas las relaciones entre la clase política, la burocracia y la sociedad civil en el plano local."[5]

Embora a prioridade da descentralização seja a melhoria do sistema gerencial e da prestação de serviços com foco no cidadão, é inevitável a repercussão no âmbito do jogo político-administrativo em todas as regiões, por isso precisa dialogar com os três atores citados. Como modelo de organização do poder local, é um elemento de pressão sobre essa tríade e introduz mudanças substanciais no padrão de relação com o poder público.

Em relação ao primeiro dos três atores citados, é preciso observar

---

[4] Uma boa leitura sobre experiências de descentralização e desconcentração é o livro recentemente lançado por Ubiratan de Paula Santos & Daisy Barretta (orgs.). *Subprefeituras – descentralização e participação popular em São Paulo*. São Paulo: Hucitec, 2004.

[5] Centro Latinoamericano de Administración para el Desarrollo. *Una nueva gestión pública para América Latina*. Documento apresentado para a sessão do Conselho Diretivo de 14 de outubro de 1998, mimeografado.

repensar a gestão pública e a experiência da descentralização

que a busca e manutenção constantes da governabilidade é uma característica do jogo político. Para ser bem-sucedido na tarefa, a questão central sempre deve ser identificar quais são os personagens envolvidos na construção da governabilidade. Na democracia representativa, o jogo político está restrito à trama dos poderes constituídos, principalmente entre o Executivo e o Legislativo, mediados eventualmente pelo Poder Judiciário. A descentralização propicia condições para ampliar esse cenário ao conviver de forma mais próxima com mecanismos de controle social como os Conselhos Municipais de Saúde, Educação etc. Esses são exemplos de inversão de conceito e prática política que fortalece a organização da sociedade por área temática, reunindo representantes especializados no assunto para fiscalizarem, avaliarem, proporem e pautarem as ações de governo. Instrumentos de participação popular como o Orçamento Participativo são outra forma para democratizar a política, ao solicitarem a intervenção cidadã não apenas nos períodos eleitorais, mas em todos os eventos em que os interesses locais, regionais ou temáticos (cultura, educação etc.) exijam decisão. Outras formas de envolvimento da sociedade civil como a experiência de Fóruns de Desenvolvimento Regional nas subprefeituras ou a forma de elaboração dos Planos Diretores Regionais corroboram essa agenda de construção de uma nova esfera pública. É este potencial de democratização que a descentralização facilita para ir além dos parâmetros da democracia representativa.

Nesse contexto, a descentralização não apenas guarda coerência com as práticas acima apresentadas, mas também as estimula. A proximidade do Estado à cidadania provoca a necessidade de a sociedade civil ampliar e qualificar suas formas de organização. A descentralização possibilita um processo em que convivem a ampliação da governabilidade para além dos limites do jogo político típico da democracia representativa e a maior organização social facilitada e coerente com a proximidade do poder público nas regiões. Propõe, além disso, um novo contrato com a cidadania sustentado nesse

repensar a gestão pública e a experiência da descentralização

alargamento da esfera pública e na inclusão permanente dos atores locais. Para que essa participação seja organizada, contínua e não restrita a eventos episódicos como as eleições, os mecanismos de participação devem ser públicos no sentido gramsciano do Estado, mas não estatais, sob pena de a tutela institucional inibir a necessária autonomia que deve fazer avançar a construção dessa esfera pública. Por isso, a descentralização não é apenas uma reforma gerencial *stricto sensu*, pois o seu componente político é chave para compreender como a cidadania se envolve efetivamente no controle social e na gestão das políticas públicas.

Nessa medida, a descentralização cumpre a função pedagógica, a exemplo das estruturas de participação e controle social, de desmitificação do Estado como um ente inacessível e da política como alheia ao cotidiano das pessoas. A descentralização indica para a população que a arena pública deve ser cada vez mais ocupada por novas formas de participação e controle social. Introduz-se com isso outro aspecto fundamental para o modelo da descentralização em São Paulo, diferentemente de outras experiências de democratização do poder: não apenas a população aprende a participar, defender e disputar seus interesses, mas também o Estado assume uma postura pró-ativa de rever suas práticas organizacionais e administrativas como prestador de serviços, proponente de políticas públicas, mediador de conflitos sociais e organizador da vida da população no palco da urbanidade.

Em face dessas mudanças, à burocracia requer-se um novo perfil profissional que amplie sua responsabilidade gerencial e a habilite a lidar com maior transparência administrativa, até como decorrência dos mecanismos de controle social e participação popular.[6] A adoção de estruturas orgânicas e sistêmicas de relação com a sociedade civil (Conselhos, Orçamento Participativo, Fóruns locais) e na gestão

---

[6] Essa característica contrasta com a secundarização da qualificação dos profissionais típica do modelo tradicional que se apóia em tarefas rotinizadas e numa inflexibilidade intrínseca.

interna (Comitês de Gestão, Núcleos de Modernização), guardam coerência com uma premissa básica: a descentralização deve investir na construção de um modelo em que os atores efetivamente sejam desafiados a romper paradigmas culturais e administrativos como protagonistas na construção de uma nova institucionalidade pública. Esse novo formato de contorno jurídico (a descentralização foi instituída por meio de lei), gerencial (o modelo organizacional da Prefeitura Municipal de São Paulo sofreu alterações com a criação das subprefeituras) e político (a agenda da governabilidade, da participação popular e do controle social alterou sua pauta e os atores envolvidos) traz à tona o debate da constituição de uma nova institucionalidade pública.

Dessa nova institucionalidade, é importante destacar aquilo que constitui a centralidade desse livro: apresentar a descentralização como alternativa gerencial para municípios de médio e grande porte. A agenda da descentralização é, dessa forma, parte integrante das diversas experiências que buscam romper com os limites do modelo tradicional como paradigma das organizações públicas. Assim, é importante destacar os níveis distintos e complementares com os quais vem sendo implantada a descentralização de diversas funções estatais. A prestação e execução de serviços públicos de zeladoria urbana (poda de árvores, limpeza de ruas, pintura de meio-fio, entre outras) foi mantida e qualificada com a melhor organização da coordenadoria de Infra-Estrutura. Em outras áreas como saúde, educação, cultura, esportes, abastecimento, assistência social, habitação, por exemplo, a descentralização inovou não apenas pela sua organização nas subprefeituras, mas centralmente pelo conceito de políticas públicas integradas em uma mesma coordenadoria de Ação Social. Internamente, a gestão dos recursos humanos, financeiro-orçamentários e patrimoniais deixam de ser responsabilidade de cada área administrativa das secretarias e passam a ser gerenciados pela coordenação de Administração e Finanças. Com isso, evidencia-se que a subprefeitura não apenas é um modo de aproximação do Estado

repensar a gestão pública e a experiência da descentralização

à cidadania, mas um caminho proposto para organizar a função estatal e pública com maior flexibilidade, eficácia, eficiência e agilidade. Mas, se com a descentralização, a execução de serviços e a gestão de recursos financeiro-orçamentários, humanos e patrimoniais ocorrem de forma autônoma, qual a tarefa do "governo central"? Se cabe ao Estado ser um provedor de serviços que atende às demandas da população, o que tem acontecido de maneira cada vez mais independente nas subprefeituras, quais devem ser as funções do "governo central"? O "governo central" deve formular as políticas públicas, avaliar seus resultados, regular os conflitos e distribuir eqüitativamente os recursos para promover justiça social nas regiões administradas pelas 31 subprefeituras.

As funções do "governo central" são idênticas na metodologia de implantação para todas as secretarias, distinguindo-se apenas nas políticas específicas (saúde, educação, assistência social etc.). Temos, dessa forma, a constituição de um sistema gerencial e organizacional que dialoga com a seguinte matriz:

Enfoque na territorialização, integração e horizontalização dos serviços e políticas públicas: As subprefeituras privilegiam a gestão do território e da região como forma de promover a geração, o planejamento e a execução de serviços e políticas públicas integradas. Além disso, realizam projetos e atividades de maneira horizontalizada em face do modelo de sete coordenadorias que respondem "na ponta" ao que vinte secretarias, autarquias e demais estruturas executam na administração direta e indireta.

Enfoque nas políticas específicas, segmentadas e verticalizadas: As secretarias privilegiam formular e coordenar a execução das políticas específicas operacionalizadas em todas as subprefeituras e distribuem recursos, considerando as particularidades regionais. Com a manutenção dessa característica o modelo considera a verticalização de políticas específicas para cada coordenadoria.

repensar a gestão pública e a experiência da descentralização
Assim, embora

"a descentralização possa ser fundamental para aumentar a democratização e a eficiência do sistema, mesmo que isso também não ocorra de imediato, o fato é que políticas descentralizadoras radicais em geral aumentam as desigualdades entre as regiões e fragmentam a prestação do serviço público.

"De fato, quando não acompanhada de mecanismos de coordenação e de políticas compensatórias, a descentralização pode se transformar na mãe da segregação [...].

"A eqüidade não é alcançada, o que causa problemas para um Estado que não só pretende ser mais efetivo em suas políticas, como também quer distribuir melhor o poder entre os níveis de governo."[7]

O modelo da descentralização adotado em São Paulo enfrenta as duas questões acima apresentadas da seguinte forma:

1. O orçamento de cada subprefeitura é elaborado de acordo com a realidade regional (número de equipamentos públicos, demanda de serviços conforme o porte do território etc.) e com os indicadores sociais existentes. Insere-se um "fator de ponderação" que reforça a transparência na elaboração do orçamento e promove justiça social ao garantir maior eqüidade na alocação de recursos. A descentralização cria mecanismos que auxiliam na legitimação do Estado não só porque o poder local torna-se uma realidade cada vez mais próxima do cidadão, mas porque qualifica sua intervenção para solucionar os problemas detectados no território. Há, pois, uma lógica sistêmica orientando o modelo da descentralização, combinando um método de coordenação que atende ao específico (o território) e ao geral (o município);

2. Para evitar a segregação e fragmentação típicas da adminis-

---

[7] Fernando Luiz Abrucio, op. cit., pp. 194-5.

tração tradicional, existem estruturas de coordenação geral como Fórum de Subprefeitos e específicas como os Comitês de Gestão nas subprefeituras. Desde o momento de definição da estrutura organizacional das subprefeituras, formada por sete coordenadorias que unificam várias áreas com afinidade temática, essa preocupação estava presente. Há, portanto, uma visão de fortalecimento da horizontalização e da construção de políticas integradas com foco no território, em oposição à verticalização e departamentalização comuns na administração tradicional. Trata-se de um avanço, pois, se a estrutura organizacional e o modelo de gestão assim não o fizessem, estariam reproduzindo características da administração tradicional, agravadas pela segregação territorial. Desse modo, a solução proposta pela descentralização para enfrentar os problemas da administração burocrática só aprofundaria o problema. O caminho apresentado é outro. Os recursos humanos, orçamentários e patrimoniais são gerenciados de forma centralizada por um coordenadoria de Administração e Finanças para evitar que cada secretaria mantenha suas estruturas paralelas e autônomas, por exemplo.

O modelo adotado convive com uma visão de Estado em que o gerenciamento de políticas centralizadas, padronizadas e unitárias ampliam a eficácia se executadas de modo descentralizado na gestão do território. O que seria um aparente paradoxo (descentralização pode gerar fragmentação) é solução do problema.[8] É o modelo descentralizado matricial, orientado pelas variáveis regional e temáwtica, que está na raiz da estrutura organizacional das subprefeituras.

Para responder de forma mais conclusiva à questão inicial sobre

---

[8] A configuração desse modelo se opõe ao tradicional que adota um padrão decisório centralizado e, geralmente, distante das demandas da realidade. Essa característica caminha junto com a forma como se estrutura a divisão de trabalho em diversos setores ao fragmentar atividades com afinidades de tarefas. De um lado, essa estrutura reforça um hábito administrativo garantidor da inflexibilidade organizacional. De outro, onera a organização pela perda de agilidade decisória e agrega custos derivados da fragmentação da organização do trabalho.

o papel do Estado e a descentralização, é fundamental destacar que, com a implantação da matriz apresentada, não cabem soluções fáceis que oponham delegação de poder e descentralização[9] ou que criem falsas dicotomias como planejamento ser tarefa do "governo central" e execução tarefa da "ponta".

Em primeiro lugar, o modelo adotado não é o da desconcentração de serviços, fundamentalmente porque o poder delegado está amparado na autonomia orçamentária. Em segundo, se a descentralização nasce como proposta crítica ao modelo burocrático, seria um contrasenso admitir a saída fácil que reforça a divisão técnica do trabalho entre áreas centrais planejadoras e subprefeituras executoras.[10] Para o "governo central", dada sua condição de enxergar a totalidade da cidade, a função de planejamento se apresenta com nível diferenciado ao de uma subprefeitura que intervém sobre a realidade local. Mas a descentralização, ao delegar a função de planejamento e intervenção para as regiões se opõe a essa divisão de atribuições entre o "governo central" e a "ponta", demandando recursos humanos, equipamentos e estrutura física cada vez mais qualificados.

A aproximação da realidade local qualifica a construção de uma agenda de integração das políticas públicas, em vez da sua fragmentação temática nas secretarias e órgãos centrais. O diagnóstico e o planejamento para atender às demandas regionais exigem iniciativas e resultados de forma mais objetiva e rápida. Por isso, a descentralização gera uma ampliação da responsabilização perante a popula-

---

[9] Ver Donald F. Kettl. "A revolução global: reforma da administração do setor público". In: Luiz Carlos Bresser Pereira & Peter Keven Spink (orgs.). *Reforma do Estado e administração pública gerencial*. 4ª ed. Rio de Janeiro: FGV, 2001, p. 108. "Em resumo, delegação de poder diz respeito a quem cabe a responsabilidade pelas decisões; descentralização diz respeito a quem as executa."

[10] Essa é outra distinção em relação ao modelo tradicional que estabelece a divisão de atribuições entre as funções planejamento e execução, delegando para poucos profissionais a primeira responsabilidade e, para a grande maioria, a segunda. Por isso, as organizações orientadas por esse modelo apresentam um ambiente pouco favorável à inovação e ao desenvolvimento institucional.

repensar a gestão pública e a experiência da descentralização

ção, ao determinar uma nova postura gerencial e operacional.[11] Assim sendo, a proximidade do território é o caminho para realizar "o diagnóstico concreto de situações concretas".

A implantação da gestão territorial e descentralizada reforça o papel do Estado como estimulador da cidadania para assumir formas de organização que pressionem, influam, direcionem e controlem a execução das políticas públicas. Ao mesmo tempo, esse processo também cobra uma melhora no modelo de gestão e na maneira de prestar os serviços. Eficácia gerencial e ampliação da democracia criam estímulos comuns, evidenciando ser falsa a polarização entre o binômio eficiência/eficácia como bandeira das reformas de caráter conservador ou privatistas e dos que defendem que basta conferir mais poder "ao povo" para modificar a estrutura administrativa do Estado. A descentralização demonstra que a pressão da sociedade e a melhoria no padrão de gestão pública, se ocorrem com uma metodologia definida de implantação, qualificam a construção dessa nova institucionalidade pública.

Ao propor mais eficácia e eficiência na utilização dos recursos públicos, a descentralização dialoga com a necessidade da inovação gerencial. Isso porque "estruturas por demais centralizadas dificultam inovações, impedem os administradores de administrar e impõem pesados níveis de burocracia."[12] Dessa forma, a descentralização gera um contínuo desafio intelectual e criativo aos profissionais das subprefeituras, pois sua estrutura de autonomia administrativa e orçamentária cobra necessariamente níveis maiores de eficácia. Por isso, para

---

[11] Na relação com a cidadania, uma das conseqüências do modelo tradicional é seu reduzido grau de transparência e controle social, dado o isolamento que se estabelece entre Estado e sociedade, reforçado pelo sistema de gestão verticalizado, centralizado e hierarquizado.

[12] Ruth Richardson. "As reformas no setor público da Nova Zelândia". In: Luiz Carlos Bresser Pereira & Peter Keven Spink (orgs.). *Reforma do Estado e administração pública gerencial*. 4ª ed. Rio de Janeiro: Editora FGV, 2001, p. 218.

repensar a gestão pública e a experiência da descentralização

"[. . .] ter sentido, a *accountability* precisa envolver níveis específicos de desempenho, liberdade administrativa para buscar resultados e sanções por falhas. Portanto, uma relação efetiva de *accountability* exige: especificação antecipada dos níveis de desempenho; autoridade para determinar como os recursos serão empregados para produzir os resultados desejados; um processo de avaliação para saber se os resultados foram obtidos."[13]

Para o sucesso da descentralização, os profissionais envolvidos não apenas devem sentir-se "cobrados", mas essencialmente valorizados, motivados e criativos para responderem ao desafio permanente de fazer avançar a construção do modelo gerencial. Claro que esses pré-requisitos são insuficientes, todavia sem a participação pró-ativa e dedicada dos profissionais não se constrói a descentralização como alternativa ao modelo de gestão tradicional. Por isso, as políticas de recursos humanos são elementos vitais para ampliar sua adesão. Cabe às iniciativas de capacitação auxiliar no salto de qualidade requerido pelas cobranças de mais resultado e ampliação da responsabilidade. Vale aqui, como estímulo à consolidação do projeto, a premissa que

"para promover organizações adaptáveis e governos que funcionem melhor, dever-se-ia fazer com que o administrador público pudesse se concentrar nos problemas que têm de ser resolvidos e, então, dar-lhe flexibilidade para resolvê-los. Deixem o gerente gerenciar e avaliem com atenção os resultados, diziam os reformadores, e a flexibilidade poderá substituir a rigidez [. . .]

"No âmago da abordagem deixem o gerente gerenciar está o interesse do usuário: o foco da atividade das organizações governamentais deve ser atender às necessidades dos cidadãos, não à conveniência dos burocratas."[14]

---

[13] Ruth Richardson, op. cit., p. 218.
[14] Donald F. Kettl, op. cit., pp. 81-2.

repensar a gestão pública e a experiência da descentralização

Por fim, para a consolidação da descentralização e da gestão do território, a valorização da comunicação, a transparência e a disponibilização de informações[15] são elos fundamentais da relação com a cidadania, pois reforçam a presença do Estado na região.[16] Da mesma forma, a descentralização dos instrumentos de comunicação direta com a população pode construir uma fala específica da particularidade regional. Assim, a política de comunicação pode, discursivamente, sintetizar o universal (o governo) e o particular (a subprefeitura). Combinar corretamente esse binômio ainda é um dos desafios da descentralização para compor um ciclo mais completo entre planejamento-gestão-execução e oferta de serviços e sua retroalimentação por meio da política de comunicação.

O enfoque da descentralização apresentado até aqui é coerente com as premissas que vêm orientando sua implementação: participação, valorização do território, integração de políticas e delegação efetiva de poder.

BASES DO MODELO DE GESTÃO DAS SUBPREFEITURAS

A metodologia que serviu de referência o modelo de gestão das subprefeituras se apóia nessas premissas, enfatizando os seguintes aspectos:

■ CAPACITAÇÃO E PERMANENTE QUALIFICAÇÃO DOS PROFISSIONAIS EM GESTÃO: qualificação dos gestores para analisarem a realidade local e embasarem melhor sua intervenção. O modelo gerencial deve sustentar-se no desenvolvimento da liderança coletiva para ampliar a eficácia organizacional e, ao mesmo tempo, reforçar a dele-

---

[15] Experiências como "governos eletrônicos", por exemplo, são uma forma de pôr em prática a "gestão à vista" da cidadania.

[16] Não se trata, para responder a essa demanda, de abrir mão dos mecanismos tradicionais de comunicação e *marketing* como a mídia de massa e a propaganda. Essa é necessária e deve ser mantida como forma de garantir que o governo municipal seja percebido em todas as regiões.

repensar a gestão pública e a experiência da descentralização
gação da capacidade decisória. Por isso, há que se instituir um sistemático processo de qualificação profissional.

"O forte sentimento positivo e o compromisso que os servidores públicos experimentam em relação a um melhor serviço público precisam ser destacados e usados como estímulo para que se estabeleça uma verdadeira cultura de aprimoramento contínuo";[17]

■ CAPACIDADE PARA EXECUTAR O PLANEJAMENTO E IMPLEMENTAR O MODELO DE GESTÃO: a definição do posicionamento estratégico é central para uma organização orientar o planejamento e sua execução. Quanto maior a demanda da sociedade, maior a necessidade de qualificar a metodologia e os instrumentos de gestão para estabelecer um processo:
a) padronizado;
b) pragmático, por ser de rápida e fácil aplicação;
c) eficaz, por permitir o controle;
d) democrático e participativo, por envolver os gestores e profissionais de forma integrada;

■ AVALIAÇÃO DO DESEMPENHO ORGANIZACIONAL: o modelo de gestão precisa definir a metodologia para avaliar resultados, atualizá-los e manter o sistema gerencial em funcionamento.

"O planejamento estratégico, a construção de indicadores, os processos de aferição e as exigências do dia-a-dia da burocracia facilmente podem se transformar em fins em si mesmos. Mas, como o objetivo básico do processo não é produzir números, e sim melhorar os resultados, é muitíssimo mais útil pensar em termos de «administração por desempenho» do que em aferição de desempenho";[18]

---

[17] Donald F. Kettl, op. cit., p. 103.
[18] Ibidem, p. 113.

repensar a gestão pública e a experiência da descentralização

▪ COMUNICAÇÃO INTERNA E TRANSPARÊNCIA DE INFORMAÇÕES: as informações devem ser organizadas e disponibilizadas de modo que gerem dados e fatos que confirmem a comunicação e a divulgação das ações e seus benefícios para a cidadania. Para os indicadores estarem acessíveis na qualidade necessária, no tempo certo e com a análise adequada, é preciso capacitar os gestores públicos e definir os meios para ampliar a divulgação e a socialização de informações. Como afirma Donald Kettl, "a administração baseada no desempenho tem a ver com comunicação política [. . .]".[19] Assim, a comunicação interna e a transparência da informação são meios de aproximação e envolvimento dos profissionais com o que está sendo executado.

Em síntese, o novo sistema gerencial, como alternativa à visão burocrática, deve combinar sua implantação assentado em uma metodologia de domínio amplo pelos profissionais, instalar um processo de aprendizagem organizacional e democratizar a participação interna como forma de qualificar e descentralizar a dinâmica decisória. A metodologia de gestão utilizada na descentralização em São Paulo está baseada nesses aspectos centrais. Um projeto amparado nos princípios da valorização do território como centralidade do modelo gerencial e da transferência de poder para as regiões, na intersetorialidade e integração de políticas no território, na participação popular e no atendimento às demandas da população.

---

[19] Ibidem, p. 114.

Capítulo 2
Histórico da descentralização em São Paulo

◼ ◼ ◼

A NECESSIDADE DE REPENSAR o modelo de administrar São Paulo é antiga. Durante mais de cinqüenta anos percebe-se a urgência de soluções que dêem respostas mais rápidas às demandas da população, melhorem os serviços prestados e aproximem o poder público do cidadão. Assim, ao longo de décadas muitas iniciativas foram tomadas, boas ou ruins, mas apenas no ano de 2002 o processo de descentralização da cidade de São Paulo virou, de fato, realidade.

"São Paulo é a cidade que mais cresce no mundo", esse era o *slogan* das comemorações do IV Centenário, em 1954. A transformação urbana deu-se em ritmo acelerado, percebido na verticalização do centro, no crescimento dos bairros e na expansão dos subúrbios. Na década de 30, um milhão de pessoas moravam na cidade; em 1950, esse número dobrou. Três anos depois, São Paulo se tornaria a primeira cidade do Brasil com 2,7 milhões de pessoas. Em 1960, eram 3,7 milhões, segundo a Emplasa (Empresa Paulista de Planejamento Metropolitano S.A.), para atingir, nos seus 450 anos, os atuais dez milhões e meio.[1]

Durante o governo do presidente Juscelino Kubitschek (1956-1961), a intensa industrialização, especialmente no setor automobilístico, gerou novos contingentes migratórios, tendo início o processo

---

[1] www.aprenda450anos.com.br – A cidade moderna (1930-1960), consulta em 16/1/2004.

de periferização da cidade. São Paulo tornou-se, então, o maior parque industrial da América Latina.

As indústrias paulistas e a construção civil empregavam, nesse período, 585 mil operários. Tanto o desenvolvimento econômico quanto o mercado de trabalho nas construções e fábricas motivaram a vinda de pessoas de muitas regiões do Brasil. Em 1950, São Paulo abrigava mais de 500 mil mineiros e 400 mil nordestinos (dos quais cerca de 190 mil eram baianos, 63 mil pernambucanos, 57 mil alagoanos e 30 mil cearenses), que correspondiam quase à metade da população. Não se deve desconsiderar a imigração, que foi contínua entre as décadas de 1940 e 1960.[2]

O surpreendente crescimento populacional fez com que a descentralização começasse a ser apresentada como alternativa para a administração de São Paulo já no final da década de 1950. Com o surgimento de movimentos como Amigos dos Bairros, passou-se a discutir a saturação do processo de urbanização e a necessidade de buscar alternativas para a manutenção e o gerenciamento da cidade, cujo crescimento intenso era motivado, entre outros, pelo enorme contingente de migrantes e o conseqüente inchaço demográfico.[3]

Em 1958, o então prefeito Wladimir de Toledo Piza, por meio do Decreto 3.270, de 29 de setembro do mesmo ano, criou dezenove subprefeituras, além da de Santo Amaro, antigo município anexado a São Paulo em 1935.

A nova divisão territorial buscou, como disse à época, incentivar a "polinucleação dos aglomerados urbanos mediante a polarização local dos anseios, interesses e aspirações dos habitantes dos bairros".[4]

Um nome destacou-se no processo de descentralização de São Paulo durante a década de 1960: José Vicente Faria Lima, o criador

---

[2] Dados do *site* em homenagem aos quatrocentos e cinqüenta anos de São Paulo: www.aprenda450anos.com.br

[3] *A prata da casa* – publicação da Secretaria das Administrações Regionais, 1991, p. 9.

[4] Aldaíza Sposati. *A cidade em pedaços*. São Paulo: Brasiliense, 2001, p. 72.

das Administrações Regionais (ARs). Por meio da Lei 6.882/66, instituíram-se sete delas: Sé, Vila Mariana, Pinheiros, Santana, Penha, Mooca e Pirituba – além da subprefeitura de Santo Amaro que fora mantida. Os administradores regionais saíram dos distritos de obras, primeira grande divisão territorial da cidade, com a função de cuidar apenas da zeladoria de sua região. Suas atividades restringiam-se à prestação de serviços de rotina (limpeza), fiscalização das normas municipais e levantamento periódico dos problemas locais urgentes. As ARs eram executoras sem poderes para planejar e definir o destino das verbas disponíveis, restringindo-se apenas a uma divisão territorial para a realização das tarefas.

O número de Administrações Regionais foi mudando ao longo do tempo. Assim, em 1972, foram criadas mais quatro: Campo Limpo, Butantã, Vila Prudente e Itaquera, além da transformação da subprefeitura de Santo Amaro em AR. Em 1977, a Coar – Coordenação das Administrações Regionais –, criada em 1968, transformou-se em Secretaria das Administrações Regionais (SAR) e o número de ARs passou para dezessete, com a criação de mais quatro: Freguesia do Ó, Lapa, São Miguel/Ermelino e Vila Maria/Vila Guilherme.

A historiadora e assessora da Secretaria Municipal de Subprefeituras (SMSP), Eva Turin, acredita que não se pode considerar o que foi feito em São Paulo durante a gestão de Faria Lima um processo de descentralização: "o administrador regional tinha uma subordinação terrível ao prefeito e aos secretários. As Administrações Regionais não constituíam o poder político descentralizado e ainda foram usadas pela ditadura militar para contribuir com o antigo Sistema Nacional de Informação (SNI). A partir delas, era possível ter o controle mais direto de toda a cidade".

As ARs foram sendo criadas ao longo dos anos por demanda da própria população desejosa de que alguém cuidasse da manutenção de sua região, podasse árvore, tapasse buracos etc. Com todos os problemas existentes, principalmente em virtude das indicações, as Regionais eram o Estado disponível nesses setores da cidade. Embora

histórico da descentralização em São Paulo

tenha havido um componente de clientelismo ligado a políticos conservadores, as ARs respondiam à necessidade real da cidade que, por ter crescido, precisava manter o poder público mais próximo dos cidadãos. Segundo Ubiratan de Paula Santos, atual chefe de gabinete da Secretaria de Governo, "era necessário ter alguém para quem reclamar, alguém que fosse, inclusive, um elemento de disputa, de mediação entre o povo e o poder público".

Jânio Quadros (prefeito de 1986 a 1988) reintroduz as subprefeituras, dessa vez como órgãos de controle das administrações regionais. Nesse sentido, criou cinco delas, responsáveis por um número específico de ARs (a Prefeitura chegou a ter 33 ARs). Os subprefeitos eram escolhidos pelo chefe do poder executivo municipal, "dentre profissionais engenheiros", a quem competia "coordenar, supervisionar e controlar o cumprimento das atividades e programas das Administrações Regionais a ele subordinadas".[5]

No final dos anos 80, ganha força o projeto de criar subprefeituras que efetivamente levassem o poder público para mais perto do cidadão. Durante a administração de Luíza Erundina (1989-1992), a idéia foi dar maior poder de planejamento e decisão às instâncias locais e melhorar significativamente a prestação de serviço à população.

A proposta apresentada na gestão Erundina previa a criação de treze subprefeituras, o que significava uma divisão territorial cuja população variava, segundo estatísticas de 1991, entre, aproximadamente, 470 mil e 1,5 milhão de munícipes na área de atuação de cada subprefeitura. A questão do número de habitantes ocupou grande parte da discussão sobre o processo de descentralização. O projeto de lei encaminhado pela atual administração, evidentemente, beneficiou-se da primeira tentativa de implantação das subprefeituras. Decidiu-se, no entanto, por uma quantidade maior de subprefeituras, avaliando-se que seria muito difícil instituir um processo democrático de descentralização em subprefeituras que abarcassem grande número de habitantes.

---

[5] Aldaíza Sposati, op. cit., p. 74.

histórico da descentralização em São Paulo

Todavia, aquele projeto esbarrara em outras dificuldades. Uma delas foi a resistência de parte significativa da própria equipe de governo, pois secretários municipais, presidentes de autarquias e funcionários sabiam que passar atribuições para a ponta implicaria diminuição do poder central. Assim, o projeto de criação das subprefeituras só foi encaminhado à Câmara no último ano do mandato; sem tempo hábil para a implantação e sem base parlamentar, não foi aprovado.

Mesmo sem a implantação das subprefeituras, a gestão Erundina conseguiu importantes avanços na descentralização da cidade de São Paulo. As administrações regionais passaram a ter força e prestígio, além de suas atribuições terem sido ampliadas, com serviços de pavimentação e coleta de lixo. O orçamento da AR da Capela do Socorro, que respondia também pelos distritos de Parelheiros, era, no final da gestão Erundina, aproximadamente de 30 milhões de reais por ano; no final da gestão Pitta, o orçamento da mesma AR não passava de R$ 1,5 milhão. Hoje a subprefeitura da Capela do Socorro responde por um orçamento de cerca de 150 milhões ao ano, incluindo gasto com pessoal.

A partir de fevereiro de 1992, o processo ficou parado na mesa da Câmara Municipal e, em 13 de janeiro de 1993, o então prefeito Paulo Maluf (1992-1995) solicitou seu arquivamento, ocorrido no dia 16 de fevereiro do mesmo ano.

Durante o governo de Celso Pitta (1996-1999), nova tentativa de descentralização foi feita. Sua equipe apresentou um projeto que previa a criação de nove subprefeituras, cada uma com população de 1,1 milhão de habitantes. Esse projeto fracassou, pois, de acordo com a equipe do governo de Marta Suplicy, era absolutamente técnico, não levava em conta os fatores políticos, culturais e as diferenças regionais, e também porque faltavam condições políticas para negociar-lhe aprovação.[6]

---

[6] Ubiratan de Paula Santos & Daisy Barretta (orgs.). *Subprefeituras: descentralização e participação popular em São Paulo*. São Paulo: Hucitec, 2004, p. 49.

histórico da descentralização em São Paulo

As gestões de Maluf e de Pitta, de 1992 a 2000, marcaram o processo de descentralização com o sucateamento e os sucessivos escândalos de corrupção envolvendo as ARs. No editorial do dia 3 de dezembro de 1999, o jornal *Folha de S.Paulo* traz a seguinte afirmação: "As administrações regionais são feudos concedidos por favor político a barões da propina; o caótico e ignorado zoneamento urbano é prato pleno de oportunidades para o achaque". O jornal ainda mostra, em reportagem publicada no dia 2 de outubro do referido ano, a corrupção e o esvaziamento das administrações regionais: "Ao mesmo tempo em que aumenta a verba de seu gabinete, para tocar os programas de maior apelo popular, o prefeito Celso Pitta (PTN) decidiu reduzir o orçamento da SAR (Secretaria das Administrações Regionais). As 27 regionais, que eram controladas pelos vereadores, tornaram-se, este ano, o principal alvo das investigações da polícia e do Ministério Público por causa de denúncias de corrupção. Dois vereadores e um deputado estadual foram cassados por causa de acusações de envolvimento com esquemas de arrecadação de propina nas regionais...".

Apesar das denúncias de corrupção e do clientelismo que mancharam a história das administrações regionais de São Paulo, era preciso investir na descentralização administrativa de cidade, pois havia consenso em todos os meios de que não se teria outro modo de governar uma metrópole de mais de dez milhões de habitantes.

Para isso, foi necessário repensar o modelo de gestão da cidade e enfrentar de forma permanente os problemas disseminados na Prefeitura. A gestão de Marta Suplicy conseguiu reverter esse quadro, pois, segundo Rui Falcão, então secretário municipal do governo de São Paulo, "a simples posse da prefeita já sinalizou para a população que a corrupção, até então entranhada nas ARs, não teria guarida de maneira institucionalizada como acontecia antes. A corrupção pontual é inerente a todos os governos, o que vale saber é que a estamos combatendo seriamente. Criamos, por exemplo, a Ouvidoria – um órgão independente – para acolher as reclamações do cidadão e fiscalizar o próprio governo. O ouvidor tem mandato definido, além disso é a primeira Ouvidoria do País com esse significado, com essa competência. Criamos também a Via Rápida para apurar com mais velocidade as denúncias de corrupção. Isso é positivo tanto para o bom servidor que, eventualmente atingido por suspeitas, vê-se, pela morosidade dos processos, carregando por dois ou três anos a pecha de corrupto, quanto à própria máquina administrativa, que pode demitir rapidamente os funcionários cujas denúncias forem comprovadas".

Capítulo 3
As subprefeituras

■ ■ ■

DESCENTRALIZAR A ADMINISTRAÇÃO da cidade, considerando as necessidades e os aspectos socioculturais específicos de cada região, foi um dos principais objetivos da prefeita Marta Suplicy e de sua equipe ao assumirem o governo no dia 1º de janeiro de 2000. Este capítulo apresenta, justamente, as dificuldades enfrentadas antes e logo após a aprovação da Lei que criou as 31 subprefeituras do município de São Paulo, instâncias de poder local com orçamentos próprios e autonomia para executar as políticas do governo nas regiões.

Apesar do dinamismo de sua economia, São Paulo cresceu e foi construída aos pedaços, sem visão de conjunto. Esse crescimento caótico acentuou o quadro de exclusão social, o qual foi combinado com a ilegalidade e precariedade dos assentamentos urbanos. A cidade configurou-se de maneira múltipla: a periferia sem infra-estrutura dilata-se aceleradamente.[1]

No ano 2000, o município de São Paulo, com seus 10,5 milhões de habitantes maldistribuídos em 1.500 quilômetros quadrados, saiu de oito anos de gestão Maluf/Pitta mergulhado em grande crise financeira, social e ética. Para enfrentar isso seria preciso transformar padrões e recriar o modelo de gestão pública. A tarefa era muito maior do que simplesmente acabar com a corrupção e aproximar o poder público do cidadão, o que já não seria pouco; mas a equipe da prefeita eleita de São Paulo, Marta Suplicy, tinha claro entendimento

---
[1] Plano de ação governo local – 2002/2003: Rumo às subprefeituras, p. 31.

as subprefeituras

de que a única forma de garantir a governabilidade da metrópole seria a descentralização política e administrativa.

Era necessário organizar instâncias de poder local para garantir que as demandas da população pudessem ser resolvidas mais rapidamente, sem precisar que os problemas tivessem de chegar ao centro da administração para serem resolvidos. "O grande movimento de privatização ocorrido no País nos últimos anos se estende não apenas às empresas antes controladas pelo Estado, mas também à ausência deste onde é mais requerida sua presença. Houve um processo de desaparelhamento do Estado na periferia, justamente onde os serviços sociais são mais necessários. Nesse sentido, o pressuposto das subprefeituras é criar condições políticas e administrativas para gerir melhor São Paulo e, ao mesmo tempo, tornar novamente público o Estado. Essa seria a matriz do projeto das subprefeituras", afirma Rui Falcão.

A descentralização administrativa fazia parte do programa de governo da coligação que se elegeu em 2000 na cidade de São Paulo: "A implantação das Subprefeituras e dos Conselhos de Representantes visa à democratização do governo do município de São Paulo e está prevista na Lei Orgânica do Município. No governo da Coligação Muda São Paulo, a Prefeitura será organizada sob uma nova ética, com uma reforma política de modo a reorganizar suas funções, alterar sua estrutura, otimizar seus recursos e reorganizar a máquina e o quadro de funcionários. Serão repensadas as formas de exercer o comando político da cidade e intensificado o relacionamento com a sociedade, com os movimentos organizados, com os não-organizados, com os grupos econômicos e, sobretudo, com os excluídos, buscando-se nova relação entre Estado e sociedade. A descentralização vai permitir padrões de apropriação mais igualitária da cidade, com maior eficiência, eficácia e efetividade. O governo da coligação Muda São Paulo adotará todas as medidas legais e administrativas que ajudem a viabilizar a implantação das subprefeituras. A organização interna da subprefeitura deve ser flexível, isto é, para além dos serviços-meios (administração, jurídico e financeiro) e suas unidades-fins

as subprefeituras

poderão ser variáveis em função da realidade regional. A suprefeitura não será apenas uma unidade descentralizada de execução de serviços municipais, mas incorporará um núcleo de planejamento com articulação e integração das políticas sociais, organismos de representação da comunidade e espaços comunitários de informação, prestação de serviços e ouvidoria. A subprefeitura elaborará planos regionais de desenvolvimento local e será um articulador de Orçamento Participativo na região. Dessa forma, será dado um novo impulso ao urbanismo regional, possibilitando o funcionamento mais democrático e justo da cidade".[2]

Com o conceito já elaborado e apresentado no programa de governo, o projeto de criação das subprefeituras que garantiriam que a administração municipal estivesse mais próxima dos cidadãos, mais acessível e acompanhando, diariamente, os problemas das regiões, começou a ser discutido já nos primeiros dias da nova gestão. De acordo com Ubiratan de Paula Santos, "a idéia foi sempre que a subprefeitura fosse um indutor de empregos, de relação com o mando dos negócios localmente, ou seja, que ela funcionasse de fato como aparato de Estado naquela região".

A complexidade do trabalho para a realização do projeto exigiu da equipe de governo muita investigação técnica e vários debates internos. A reflexão sobre como implementar a lei depois que aprovada na Câmara Municipal foi precedida por alguns movimentos da gestão Marta para que se conseguisse implantar a proposta presente no Programa de Governo:

1. Entre 2001 e julho de 2002, foram realizadas audiências públicas, discussões com os vereadores, debates na mídia e reuniões de esclarecimento com organizações e lideranças da sociedade civil.

2. A prefeita determinou a reativação, nas ARs, de núcleos de "governos locais" existentes anteriormente. Esses núcleos foram constituídos por técnicos de diferentes secretarias que fizeram diagnósti-

---

[2] Programa de governo da coligação Muda São Paulo.

cos das várias regiões da cidade. Institucionalizados em março de 2002, por meio de decreto municipal, os núcleos foram incorporados às equipes dos subprefeitos.

3. Antes da votação do projeto das subprefeituras na Câmara, a prefeita Marta Suplicy orientou todos os órgãos do governo a darem um formato por distrito na elaboração da proposta orçamentária para o exercício do ano seguinte. O objetivo era definir uma Lei Orçamentária que explicitasse, tanto quanto possível, o vínculo entre as despesas e os territórios aos quais eram destinadas.

4. Em 19 de julho de 2002, a Câmara dos Vereadores de São Paulo aprovou o projeto de Lei que criava as subprefeituras. Em 1º de agosto de mesmo ano, a prefeita Marta Suplicy sancionou a Lei 13.399 que instituiu as subprefeituras com poder de decisão, de planejamento e de investimento.

Vale ressaltar que os debates e embates que antecederam a aprovação da lei foram de todas as ordens, desde o número e o tamanho das subprefeituras até o receio de descontinuidade dos projetos desenvolvidos pelas secretarias.

A proposta inicial, além de criar as subprefeituras, previa a junção de algumas secretarias. As de Habitação e Planejamento, por exemplo, tornar-se-iam uma única Secretaria de Desenvolvimento Urbano; Obras, Infra-Estrutura e Subprefeituras formariam outra; assim, a idéia do grupo era que existisse um órgão central, uma secretaria que ficasse responsável por grandes obras e definisse e monitorasse os padrões de manutenção da cidade.

Essa proposta foi apresentada na discussão interna do governo e, como não houve consenso, optou-se por um caminho que se julgou mais compatível com o que pensava a maioria. Decidiu-se, então, que o projeto fosse encaminhado à Câmara de maneira mais genérica e que o processo de descentralização acontecesse de forma gradual, tentando evitar conflitos, os quais foram, em grande parte, responsáveis pelo fracasso ocorrido em 1991. A argumentação dos que foram contrários à proposta inicial era que uma descentralização muito

as subprefeituras

rápida poderia paralisar as ações do governo, ocasionar a descontinuidade dos projetos em andamento e que as subprefeituras não teriam condições de enfrentar, no curto prazo, todos os problemas que iriam receber.

Outro assunto que gerou muita polêmica foi quanto ao número de subprefeituras. Para defini-lo, foram estabelecidos os seguintes critérios: a área administrada pelas subprefeituras não deveria ter população superior a 500 mil habitantes – apenas três têm um pouco mais: Capela do Socorro, 561.071, Vila Prudente, 523.138 e Campo Limpo, 505.969 habitantes; a necessidade de subprefeituras em áreas periféricas e de exclusão social; respeito aos limites de distritos; proximidade geográfica e existência de barreiras físicas; existência de pólo comercial e de serviço; respeito à identidade política e cultural; atenção para áreas de preservação e de mananciais e, finalmente, combinação de áreas desenvolvidas com precárias, incentivando o desenvolvimento regional. Com isso, definiu-se a criação das 31 subprefeituras de São Paulo: Sé, Lapa, Butantã, Pinheiros, Vila Mariana, Ipiranga, Mooca, Aricanduva, Penha, Ermelino Matarazzo, São Miguel, Itaquera, Itaim Paulista, Guaianases, Cidade Tiradentes, São Mateus, Perus, Pirituba, Freguesia do Ó, Casa Verde, Santana, Tremembé/Jaçanã, Vila Maria/Vila Guilherme, Vila Prudente, Santo Amaro, Jabaquara, Cidade Ademar, Campo Limpo, M'Boi Mirim, Capela do Socorro e Parelheiros.

Para se ter idéia das dimensões das subprefeituras paulistanas, basta comparar suas populações com as das maiores cidades brasileiras. Perus, que é a menor subprefeitura e possui 111 mil habitantes, estaria entre os duzentos maiores municípios do País. Capela do Socorro, com população de 561 mil, seria o 27º maior município do País.[3]

As subprefeituras devem ser, conforme a Lei 13.399, em seu artigo 5º, "indutoras do desenvolvimento local, planejando políticas públicas

---

[3] Antonio Donato & Roberto Garibe. A descentralização de poder em São Paulo. Artigo publicado na revista da UCCI (União das Cidades Capitais Ibero-Americanas), Madri, Espanha, nº 25, dez. 2003.

as subprefeituras

a partir das vocações regionais e dos interesses manifestos pela população" e devem ajudar a combater as desigualdades regionais de São Paulo. Já as secretarias devem passar a ser organismos de planejamento e coordenação das políticas gerais, garantindo a unidade municipal das ações governamentais.

Segundo Bia Bardi, subprefeita de Pinheiros, "a descentralização não pode ser encarada apenas como uma transferência de responsabilidade e competência, o processo deve ser acompanhado da idéia de democratização do Estado. Não basta estar perto da população, é preciso estar junto com ela".

O grande desafio posto foi a alteração de uma estrutura montada, ao longo de décadas, baseada num modelo de administração hierárquica e vertical. Segundo Roberto Garibe, "o foco agora passa a ser outro. Impera a concepção de que o cidadão deve ser tratado de maneira unificada e não como um beneficiário da saúde, da educação, do transporte ou da habitação, é um cidadão que mora num determinado lugar da cidade de São Paulo".

"É necessário que a política chegue ao cidadão de forma integrada e isso é impossível com a gestão centralizada. Não se pode mais pensar um único programa de saúde, por exemplo, para a cidade inteira, as realidades locais são distintas, os problemas encontrados aqui são muito diferentes dos da Vila Mariana e Pinheiros. As diretrizes devem ser dadas pelo governo, mas a execução e o gerenciamento disso têm que ser feitos na subprefeitura", Tadeu Dias Pais, subprefeito de Capela do Socorro.

As subprefeituras são alternativas concretas para um novo modelo gerencial porque o poder público passa a estar mais próximo do cidadão. Essas instâncias de poder local tornam-se agentes reais da democratização do Estado, possibilitando que a população esteja junto, fiscalizando e acompanhando os projetos realizados em seu território.

as subprefeituras

Anexo 1. MAPA DAS SUBPREFEITURAS

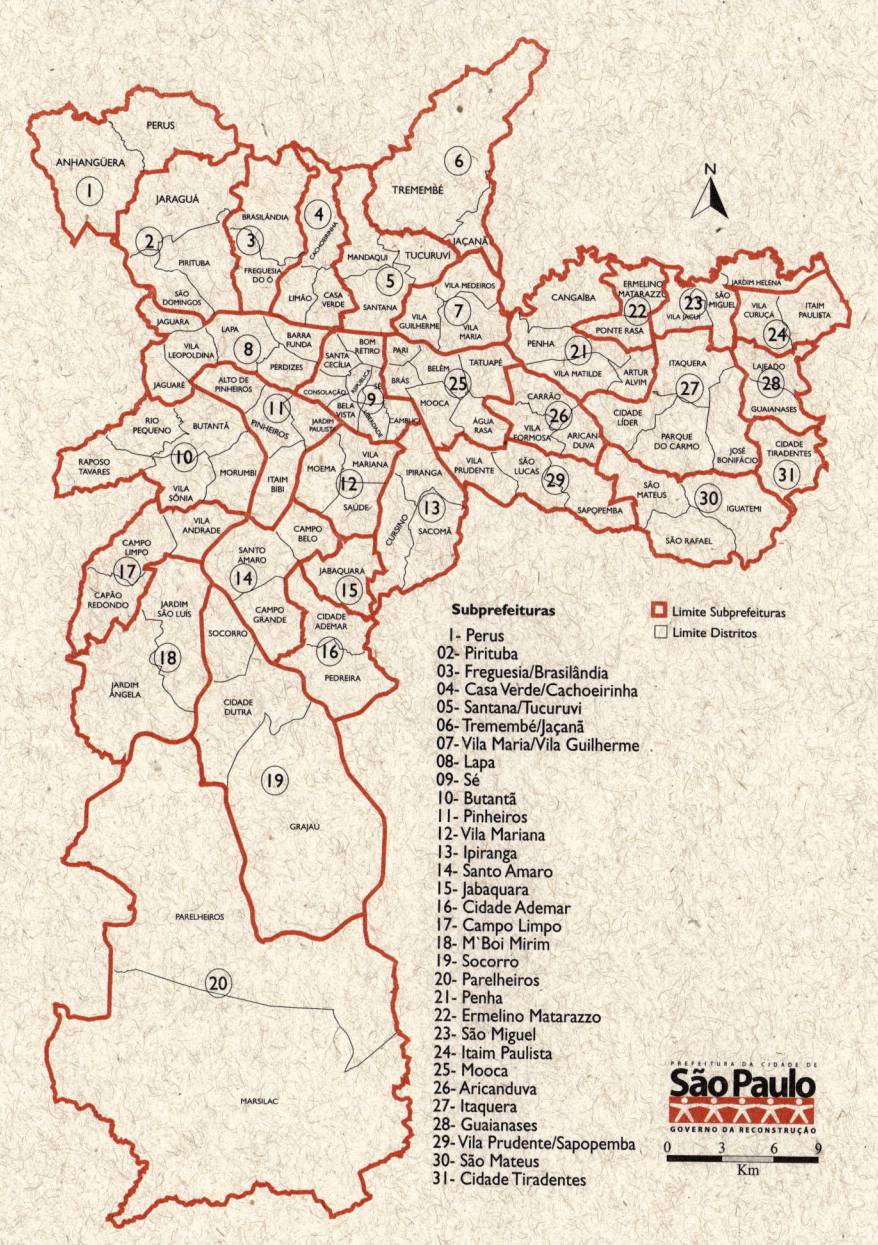

Subprefeituras

01- Perus
02- Pirituba
03- Freguesia/Brasilândia
04- Casa Verde/Cachoeirinha
05- Santana/Tucuruvi
06- Tremembé/Jaçanã
07- Vila Maria/Vila Guilherme
08- Lapa
09- Sé
10- Butantã
11- Pinheiros
12- Vila Mariana
13- Ipiranga
14- Santo Amaro
15- Jabaquara
16- Cidade Ademar
17- Campo Limpo
18- M'Boi Mirim
19- Socorro
20- Parelheiros
21- Penha
22- Ermelino Matarazzo
23- São Miguel
24- Itaim Paulista
25- Mooca
26- Aricanduva
27- Itaquera
28- Guaianases
29- Vila Prudente/Sapopemba
30- São Mateus
31- Cidade Tiradentes

as subprefeituras

Anexo 2. DADOS DAS SUBPREFEITURAS

SUBPREFEITURAS	DISTRITOS	POPULAÇÃO 2000	ÁREA EM KM²
Aricanduva	Aricanduva	94.813	6,83
	Carrão	78.175	7,88
	Vila Formosa	93.850	7,48
	Subtotal	*266.838*	*22,19*
Butantã	Butantã	52.649	12,98
	Morumbi	34.588	11,55
	Raposo Tavares	91.204	12,32
	Rio Pequeno	111.756	9,60
	Vila Sônia	87.379	10,05
	Subtotal	*377.576*	*56,50*
Campo Limpo	Campo Limpo	191.527	12,57
	Capão Redondo	240.793	13,88
	Vila Andrade	73.649	10,38
	Subtotal	*505.969*	*36,83*
Casa Verde/Cachoeirinha	Cachoeirinha	147.649	13,53
	Casa Verde	83.629	7,17
	Limão	82.045	6,45
	Subtotal	*313.323*	*27,15*
Cidade Ademar	Cidade Ademar	243.372	12,29
	Pedreira	127.425	18,06
	Subtotal	*370.797*	*30,35*
Cidade Tiradentes	Cidade Tiradentes	190.657	14,89
	Subtotal	*190.657*	*14,89*
Ermelino Matarazzo	Ermelino Matarazzo	106.838	9,27
	Ponte Rasa	98.113	6,62
	Subtotal	*204.951*	*15,89*
Freguesia/Brasilândia	Brasilândia	247.328	21,17
	Freguesia do Ó	144.923	11,04
	Subtotal	*392.251*	*32,21*
Guaianases	Guaianases	98.546	8,90
	Lajeado	157.773	8,97
	Subtotal	*256.319*	*17,88*
Ipiranga	Cursino	102.089	12,12
	Ipiranga	98.863	11,01
	Sacomã	223.283	14,56
	Subtotal	*429.235*	*37,69*
Itaim Paulista	Itaim Paulista	212.733	12,27
	Vila Curuçá	146.482	9,50
	Subtotal	*359.215*	*21,77*
Itaquera	Cidade Líder	116.841	10,58
	Itaquera	201.512	14,75
	José Bonifácio	107.082	14,41

continua

as subprefeituras

SUBPREFEITURAS	DISTRITOS	POPULAÇÃO 2000	ÁREA EM KM²
	Parque do Carmo	64.067	15,74
	Subtotal	*489.502*	*55,48*
Jabaquara	Jabaquara	214.095	14,09
	Subtotal	*214.095*	*14,09*
Lapa	Barra Funda	12.965	5,89
	Jaguara	25.713	4,64
	Jaguaré	42.479	6,62
	Lapa	60.184	10,37
	Perdizes	102.445	6,32
	Vila Leopoldina	26.870	7,07
	Subtotal	*270.656*	*40,91*
M'Boi Mirim	Jardim Ângela	245.805	36,82
	Jardim São Luís	239.161	25,98
	Subtotal	*484.966*	*62,80*
Mooca	Água Rasa	85.896	7,21
	Belém	39.622	6,07
	Brás	25.158	3,64
	Mooca	63.280	7,94
	Pari	14.824	2,73
	Tatuapé	79.381	8,54
	Subtotal	*308.161*	*36,13*
Parelheiros	Marsilac	8.404	209,77
	Parelheiros	102.836	151,24
	Subtotal	*111.240*	*361,01*
Penha	Artur Alvim	111.210	6,50
	Cangaíba	137.442	13,88
	Penha	124.292	11,49
	Vila Matilde	102.935	8,85
	Subtotal	*475.879*	*40,72*
Perus	Anhangüera	38.427	33,53
	Perus	70.689	23,58
	Subtotal	*109.116*	*57,10*
Pinheiros	Alto de Pinheiros	44.454	7,40
	Itaim Bibi	81.456	10,00
	Jardim Paulista	83.667	6,21
	Pinheiros	62.997	8,31
	Subtotal	*272.574*	*31,91*
Pirituba	Jaraguá	145.900	28,60
	Pirituba	161.796	17,10
	São Domingos	82.834	9,91
	Subtotal	*390.530*	*55,61*
Santana/Tucuruvi	Mandaqui	103.113	13,30
	Santana	124.654	13,16
	Tucuruvi	99.368	9,49
	Subtotal	*327.135*	*35,95*

continua

as subprefeituras

Subprefeituras	Distritos	População 2000	Área em km²
Santo Amaro	Campo Belo	66.646	8,76
	Campo Grande	91.373	13,01
	Santo Amaro	60.539	16,11
	Subtotal	*218.558*	*37,88*
São Mateus	Iguatemi	101.780	19,67
	São Mateus	154.850	12,64
	São Rafael	125.088	13,20
	Subtotal	*381.718*	*45,51*
São Miguel Paulista	Jardim Helena	139.106	9,45
	São Miguel Paulista	97.373	8,55
	Vila Jacuí	141.959	8,40
	Subtotal	*378.438*	*26,41*
Sé	Bela Vista	63.190	2,72
	Bom Retiro	26.598	4,20
	Cambuci	28.717	3,91
	Consolação	54.522	3,83
	Liberdade	61.875	3,66
	República	47.718	2,40
	Santa Cecília	71.179	3,75
	Sé	20.115	2,20
	Subtotal	*373.914*	*26,66*
Capela do Socorro	Cidade Dutra	191.389	28,08
	Grajaú	333.436	93,23
	Socorro	39.097	12,03
	Subtotal	*563.922*	*133,34*
Tremembé/Jaçanã	Jaçanã	91.809	7,52
	Tremembé	163.803	57,57
	Subtotal	*255.612*	*65,09*
Vila Maria/Vila Guilherme	Vila Guilherme	49.984	7,22
	Vila Maria	113.845	11,74
	Vila Medeiros	140.564	7,88
	Subtotal	*304.393*	*26,84*
Vila Mariana	Moema	71.276	9,18
	Saúde	118.077	9,31
	Vila Mariana	123.683	8,57
	Subtotal	*313.036*	*27,06*
Vila Prudente/Sapopemba	São Lucas	139.333	9,79
	Sapopemba	282.239	13,67
	Vila Prudente	102.104	9,65
	Subtotal	*523.676*	*33,10*
Total do município	Total	10.434.252	1.526,95

Fonte: IBGE. Censo Demográfico, 2002.

Capítulo 4

Gestão democrática do território

■ ■ ■

UMA DISCUSSÃO que avança de forma muito rápida é a necessidade de pensar novas formas de democratizar a gestão das políticas públicas. Isso requer, fundamentalmente, que a sociedade acompanhe a avaliação das políticas, na gestão de sua implantação e operação, por meio de mecanismos institucionais. Neste capítulo, vamos mostrar algumas formas de participação desenvolvidas em São Paulo nos últimos anos e que ganharam força à medida que o poder público foi se descentralizando e se aproximando da população, tirando dos governantes e dos técnicos das administrações públicas o monopólio de determinar os rumos das políticas municipais.

No Brasil, as experiências com participação popular, notadamente na elaboração dos orçamentos municipais, têm demonstrado ser a forma mais democrática de decidir. Esse novo modelo de gestão dá maior segurança ao poder público no que se refere ao planejamento e à distribuição de recursos. Assim, tais experiências têm chamado a atenção de organismos internacionais como Banco Mundial e ONU, o que torna cada vez mais difícil imaginar o fortalecimento das instituições sem uma abertura ao controle social.[1]

O Orçamento Participativo (OP), iniciativa lançada em Porto Alegre, em 1989, mantém-se como referência quando o assunto é partici-

---

[1] Documento do III Congresso Paulista de Participação Popular. Apresentação, p. 5, 2003.

gestão democrática do território

pação. De acordo com a ONU, a experiência é uma das quarenta melhores práticas de gestão pública urbana no mundo. O Banco Mundial, por sua vez, a reconhece como exemplo bem-sucedido de ação comum entre governo e sociedade civil. Muitas cidades, a partir desta experiência adotaram a participação popular na gestão pública, como Saint-Denis (França), Rosário (Argentina), Montevidéu (Uruguai), Barcelona (Espanha), Toronto (Canadá), Bruxelas (Bélgica), Belém (Pará), Santo André (SP), Aracaju (Sergipe), Blumenau (SC) e Belo Horizonte (MG).[2]

Garantir a participação popular no desenvolvimento de políticas, na fiscalização e controle do poder público e no destino dos recursos é um desafio aos gestores públicos. Seria uma proposta incongruente e incompleta trabalhar na construção de um processo de descentralização de São Paulo sem criar mecanismos de controle social e participação cidadã. Com essa visão, o governo de Marta Suplicy organizou o OP em São Paulo que contou, já no primeiro ano de execução, com 34 mil participantes em suas 191 assembléias e movimentou R$ 481 milhões. Apenas as áreas de Educação e Saúde eram submetidas à escolha popular. No segundo ano de atividade, 2002, mais de 55 mil pessoas decidiram onde e como seriam aplicados cerca de R$ 662 milhões. Nas 450 reuniões, a população votou em propostas para as duas áreas já apreciadas no ano anterior e elegeu, em cada região do município, uma terceira área de prioridades. Foram escolhidas, por exemplo, as áreas de Habitação, Melhoria de Bairros e Programas Sociais.[3]

Em 2003, o Orçamento Participativo de São Paulo também foi descentralizado, isto é, a população opinou sobre todas as áreas de atuação do governo municipal nas regiões das 31 subprefeituras. Foram novamente mais de 450 plenárias e conferências que concretizaram a escolha popular, promoveram a divulgação de informações

---

[2] Conferir *site* da Prefeitura de Porto Alegre – www.portoalegre.rs.gov.br
[3] Informações do *site* da Prefeitura de São Paulo – www.prefeitura.sp.gov.br

gestão democrática do território

e a formação cidadã. Chegou-se a 80 mil participantes e foram eleitos(as) mais 2.131 novos(as) delegados(as) e 216 conselheiros(as).[4]

Segundo Felix Sanches, coordenador do Orçamento Participativo de São Paulo, a forma de aproximar o cidadão do poder público é a descentralização, que além de viabilizar a melhoria da prestação de serviços públicos, cumpre a função de democratizar a gestão e descentralizar o poder. "A gestão local facilitou a implantação do OP na cidade, pois o subprefeito tem domínio do seu território e da realidade local. Isso torna mais ágil a convocação para as reuniões, a organização dos debates e das discussões do orçamento. As subprefeituras aumentaram os mecanismos de participação da sociedade civil e possibilitaram que o cidadão fiscalizasse, propusesse e interviesse mais diretamente na gestão".

Para a prefeita de São Paulo, Marta Suplicy, "o Orçamento Participativo proporciona uma co-responsabilidade entre poder público e cidadania, já que planejamento, gestão e fiscalização não mais estão apenas a cargo dos gestores públicos. Governo e população estão reconstruindo a cidade".[5]

Essa avaliação foi incorporada à lei de criação das subprefeituras. O artigo 9°, que trata das competências do subprefeito, determina que ele deve: "elaborar a proposta orçamentária da subprefeitura, garantindo processo participativo em sua construção" e "participar da elaboração da proposta orçamentária da Prefeitura e do processo de Orçamento Participativo".

O subprefeito da Lapa, Adaucto Durigan, comenta: "temos uma relação permanente com todos os atores sociais da região. Temos parcerias importantes com universidades, empresas, sociedades de amigos de bairros e isso é possibilitado pelo conhecimento que temos da região, justamente por estarmos mais perto. Participamos de todas as reuniões do Orçamento Participativo, fizemos mais de 34 encontros para a

---

[4] Ibidem.
[5] Texto "Por uma nova cidade", da prefeita Marta Suplicy.

gestão democrática do território

discussão do Plano Diretor Regional, com a presença de mais de mil pessoas. Construímos a participação popular diariamente".

Participação nos territórios

Várias experiências vêm mostrando que as formas de participação da sociedade ganharam força com a criação das subprefeituras. As iniciativas variam da abertura semanal da agenda dos subprefeitos para os cidadãos até a organização de entidades para o debate de questões relacionadas ao desenvolvimento de políticas nos territórios. Como o Conselhos de Representantes só foi aprovado recentemente, quase dois anos após a lei que criou as subprefeituras,[6] a maioria das subprefeituras conseguiu implantar modos de se relacionar com a sociedade em suas regiões.

Na subprefeitura da Sé, o Conselho de Entidades foi montado com a eleição de quatro representantes por distrito. Os 32 representantes encontram-se quinzenalmente com o subprefeito e com os coordenadores; havendo necessidade de se tratar de uma pauta específica,

---

[6] Conforme previsto na Lei Orgânica no Município de São Paulo – LOM, a Câmara de Vereadores aprovou a Lei 13.881, em 30 de julho de 2004, que dispõe sobre a criação, atribuições e funcionamento do Conselho de Representantes. Veja composição, atribuições e formas de escolha:
COMPOSIÇÃO
Art. 3º – Cada Conselho de Representantes será composto por 27 (vinte e sete) Conselheiros, eleitos na forma deste capítulo, dentre cidadãos maiores de 18 (dezoito) anos.
Art. 4º – Os partidos políticos com representação na Câmara Municipal, observada a proporcionalidade partidária.
Art. 5º – Os Conselheiros de que trata o artigo anterior serão eleitos pelos diretórios zonais do respectivo partido político na área de abrangência da Subprefeitura ou, na sua falta, pelo diretório municipal.
Art. 6º – As demais 18 (dezoito) vagas, não vinculadas à representação partidária, serão preenchidas através do voto direto, secreto, facultativo e universal de todos as pessoas com mais de 16 (dezesseis) anos e que sejam portadoras de título de eleitor.
Art. 7º – Para a primeira eleição do Conselho de Representantes, caberá ao

o Conselho pode chamar um ou mais coordenadores para discutir o tema. "Nós decidimos não esperar a criação do Conselho de Representantes na Câmara de Vereadores, achamos que era fundamental avançar o quanto antes nesse processo, consolidando a participação da sociedade organizada na subprefeitura", afirma Sergio Torrecilas, subprefeito da Sé.

Subprefeito constituir, em 15 de janeiro, Comissão Eleitoral com representação dos diversos setores da sociedade, inclusive dos partidos políticos a que se refere o art. 4º desta lei, após a realização de audiência pública que convalidará a composição do Conselho, nos termos dos arts. 3º a 6º desta lei, e da Comissão Eleitoral.

Art. 8º – Não há limite quanto ao número de candidatos aos Conselhos de Representantes.

ATRIBUIÇÕES

Art. 9º – São atribuições do Conselho de Representantes:

I – elaborar o seu Regimento Interno de trabalho, observadas as disposições desta lei;

II – enviar à Câmara Municipal, particularmente à Comissão de Finanças e Orçamento, parecer sobre o Plano Plurianual (a cada 4 anos), a Lei de Diretrizes Orçamentárias, a Lei Orçamentária e a Prestação de Contas Anual do Poder Executivo, inclusive quanto à efetividade dos resultados alcançados com base nas metas estipuladas no processo de planejamento orçamentário;

III – estabelecer formas de articulação com os demais Conselhos de Representantes e diversos Conselhos e Fóruns representativos da região sem exercer relação de dependência ou subordinação entre os mesmos e o Conselho de Representantes;

IV – contribuir para que os procedimentos da Subprefeitura, das obras e dos serviços municipais tenham gestão transparente, sem discriminação e com qualidade de resultado, sugerindo e proporcionando medidas de controle dos cidadãos das ações municipais na área de ação da Subprefeitura, em especial as de regulação de uso e ocupação do solo e de contratação de serviços e obras;

V – acompanhar, de forma integrada com os demais representantes da população em fóruns democráticos instituídos para este fim, a adequação da aplicação das dotações orçamentárias nos serviços e órgãos na área de sua abrangência;

VI – zelar pela aplicação das leis urbanísticas, em especial as relativas ao Plano Diretor, Estatuto da Cidade, uso e ocupação do solo e legislação ambiental;

VII – acompanhar a implementação e a aplicação do Plano Anual de Metas da Subprefeitura;

VIII – debater e apresentar sugestões para o Plano Diretor da cidade, bem como para os planos diretores da região, distritos e bairros, e de operações urbanas na área de sua abrangência;

gestão democrática do território

Na subprefeitura da Capela do Socorro foi implantado o Conselho Regional de Planejamento Sustentável da Região (CRPDS). Composto de forma paritária, 50% poder público e 50% sociedade civil, o CRPDS representa um espaço onde a população e o governo discutem e planejam ações e políticas para a região, assim como a elaboração de planos, programas e projetos de desenvolvimento, en-

---

IX – participar da elaboração da proposta orçamentária da Subprefeitura;

X – opinar na cessão e tombamento de bens na área da Subprefeitura;

XI – organizar pré-conferências regionais preparatórias para a Conferência Municipal dos Conselhos de Representantes;

XIII – opinar sobre projetos que gerem impacto urbanístico e ambiental significativo na região da Subprefeitura a seu critério, ou por solicitação do Executivo ou de pelo menos um terço dos vereadores da Câmara Municipal;

XIV – participar, em nível local, do processo de planejamento municipal e, em especial, da elaboração das propostas de diretrizes orçamentárias e do orçamento municipal;

XV – participar, em nível local, da fiscalização da execução orçamentária e dos demais atos da administração municipal;

XVI – encaminhar representações ao Executivo e à Câmara Municipal, a respeito de questões relacionadas com o interesse da população local.

Art. 10 – É vedado aos Conselhos de Representantes conceder títulos e honrarias.

DA ELEIÇÃO DOS MEMBROS DOS CONSELHOS DE REPRESENTANTES

Art. 11 – A eleição para os membros dos Conselhos de Representantes ocorrerá sempre no mês de março.

Parágrafo único – A primeira eleição deverá ocorrer em até 90 (noventa) dias após a constituição da Comissão Eleitoral a que se refere o art. 7º desta lei.

Art. 12 – O processo eleitoral será coordenado por uma Comissão Eleitoral Regional cuja composição deverá garantir legalidade e legitimidade ao processo, assegurada a participação do Governo, da sociedade civil e do Ministério Público.

Art. 13 – O candidato não poderá estar exercendo mandato parlamentar, ocupar cargo em comissão, estar inscrito como candidato para qualquer outro Conselho de Representantes de outra Subprefeitura e nem ter concorrido a mandato parlamentar nos últimos 2 (dois) anos.

Art. 14 – Serão considerados eleitos os candidatos mais votados, observadas as regras relativas à composição do Conselho de Representantes.

Art. 15 – O mandato de cada Conselheiro será de 2 (dois) anos, com início no primeiro dia útil do mês de abril.

Art. 16 – É vedado aos Conselheiros o recebimento de qualquer vantagem pecuniária pelo desempenho de suas funções.

gestão democrática do território

caminhamento de sugestões para alocação de recursos públicos, promoção de campanhas de conscientização quanto aos problemas socioambientais e propostas de desenvolvimento econômico da região visando a geração de empregos com ampliação de renda. Mais de três mil pessoas participaram da votação que elegeu os representantes da sociedade civil no Conselho. De acordo com Tadeu Dias Pais, subprefeito da Capela do Socorro, "o controle social só é possível com participação popular. É necessário qualificar o debate entre os poderes que atuam no território e a população. Essa discussão dentro das subprefeituras e seus distritos possibilita que todos os agentes tenham a mesma visão do território, e isso facilita a troca de informação e o encaminhamento dos problemas".

Pautas temáticas também tiveram espaço na nova divisão territorial. Milhares de pessoas, entre prestadores de serviços, usuários do Sistema Único de Saúde (SUS) e trabalhadores da área, reuniram-se para discutir a política de saúde com foco territorial. A Conferência Regional de Saúde da Subprefeitura de Vila Mariana, por exemplo, tratou os problemas da região. As ações para seu enfrentamento foram apresentadas na Carta da Vila Mariana que, após o evento, foi amplamente divulgada para a sociedade local e encaminhada para a Conferência Municipal de Saúde.

A subprefeitura de Cidade Ademar instituiu o Fórum de Desenvolvimento Local para os Distritos de Cidade Ademar e Pedreira, reunindo representantes da subprefeitura e comerciantes de diversas entidades locais para a elaboração de ações que visam ao desenvolvimento econômico e social da região. Além disso, esse projeto busca melhorar a articulação entre os poderes públicos municipal, estadual e federal. Uma das propostas já surgidas dessa junção é a criação da Universidade Livre do Meio Ambiente na região de Pedreira.

Em Santo Amaro, a subprefeitura reúne mensalmente todas as entidades cadastradas. Benjamim Ribeiro da Silva, subprefeito de Santo Amaro, conta que "hoje participam 25 entidades, discutimos os problemas e os projetos para a região, ouvimos as demandas da

gestão democrática do território

sociedade organizada dos nossos distritos e encaminhamos as suas solicitações. Damos informações sobre os projetos em andamento e respostas para as questões da reunião anterior. Isso não é bom apenas para as entidades, que têm um canal permanente com a administração, mas também para a subprefeitura, que consegue ouvir e estar mais próxima do cidadão, o que facilita muito o direcionamento das questões regionais".

Foi na elaboração do Plano Diretor que a prefeitura de São Paulo obteve grande avanço na participação da sociedade. De outubro de 2002 a julho de 2003, foram realizadas mais de 360 atividades nas 31 subprefeituras como reuniões distritais, reuniões temáticas, plenárias, oficinas e assembléias regionais com a participação de quase dez mil pessoas e 2.175 organizações.

Com a Constituição de 1988, as questões urbanas tomaram corpo buscando meios de reduzir as desigualdades sociais e regionais, e diretrizes para a Política de Desenvolvimento Urbano foram estabelecidas, tendo por "objetivo ordenar o pleno desenvolvimento das funções sociais da cidade e garantir o bem-estar de seus habitantes".[7]

A partir de então, tornou-se obrigatório, para cidades com mais de 20.000 habitantes, a aprovação do Plano Diretor pela Câmara Municipal, passando o direito de propriedade a ser regido não somente pelo desejo de seu proprietário, mas também para cumprir sua função social de ordenamento da região da cidade onde está inserido, ou seja, atender ao interesse da coletividade expresso na Lei do Plano Diretor.

Entretanto, o grande avanço na questão do desenvolvimento urbano deu-se com a aprovação da Lei Federal n.º 10.257, de 10 de julho de 2001, denominada "Estatuto da Cidade". Um de seus aspectos relevantes está contido no capítulo IV, que trata da Gestão Democrática da Cidade, obrigando os órgãos municipais a preverem no

---

[7] Art. 182 da Constituição Federal de 1988.

gestão democrática do território

seu Plano Diretor a forma de participação da comunidade. Para tanto, poderão ser criados órgãos colegiados de política urbana, debates, audiências e consultas públicas, tanto para os projetos de desenvolvimento urbano, mesmo os de iniciativa da comunidade, como para as propostas do plano plurianual e da lei de diretrizes orçamentárias.

O objetivo da elaboração dos planos regionais foi atender às peculiaridades de cada região e dar foco às necessidades e opções da população moradora ou usuária de cada uma das subprefeituras, garantindo o desenvolvimento humano e a qualidade de vida. A gestão descentralizada na subprefeitura promove e privilegia a participação da população na indicação e na priorização das ações diretamente relacionadas à distribuição de equipamentos e serviços socioculturais e urbanos.

Há vários projetos semelhantes sendo desenvolvidos em São Paulo. Isso demonstra que a descentralização e a participação caminham juntas na construção desse novo modelo, mais transparente e democrático, de administração da cidade. As subprefeituras têm-se mostrado terreno fértil para o desenvolvimento de formas de participação que aproximam o cidadão do poder público e garantem que a sociedade se capacite para decidir o futuro de sua cidade, seu estado ou país.

Capítulo 5

Estrutura organizacional das subprefeituras
■ ■ ■

As premissas da organização do trabalho no setor público ainda sofrem grande influência da tradição burocrática.[1] A organização do trabalho baseada em departamentos, divisões, seções, setores, equipes etc., ao fragmentar processos afins, reduz e restringe o ciclo de trabalho dos servidores públicos, afetando sua motivação por executarem repetidamente a mesma atividade, às vezes por anos a fio. Este modelo reforçou o papel da gerência no controle das atividades dos trabalhadores como forma de garantir que se atinjam metas e ajudou a desenvolver organizações solidamente assentadas sobre uma camada burocrática e hierarquizada em vários níveis decisórios. Da mesma forma, a qualificação dos servidores era considerada pouco importante, geralmente substituída por benefícios da estabilidade no emprego, como se isso bastasse para estimulá-los a criarem relações mais produtivas com suas tarefas.

A predominância desse modelo, cada vez mais questionado ao longo dos anos, e a manutenção da atual estrutura organizacional do Estado, contribuem para reforçar o imaginário da ineficiência. A descentralização de São Paulo vem para romper com essa lógica, pondo no centro das discussões, em vez da fragmentação e departamentalização, políticas integradas e intersetoriais.

A Prefeitura de São Paulo é composta de 21 secretarias que atuam nas suas especialidades e que foram, quase todas, colocadas num

---
[1] Max Weber. *Economía y sociedad*. 7ª ed. México: FCE, 1984.

estrutura organizacional das subprefeituras

único território dentro de sete coordenadorias, com a direção dada por um subprefeito com *status* de secretário, respondendo, portanto, diretamente à prefeita.

Na realidade, a idéia não era reproduzir a estrutura do governo municipal em 31 regiões da cidade e, sim, garantir que as subprefeituras respondessem pelos principais temas das demandas regionais. Que viabilizassem a ação integrada a partir de uma visão única do território, acabando assim com a departamentalização tradicional no serviço público. Para Paulo Capucci, assessor da Secretaria Municipal de Subprefeituras, "é preciso que as subprefeituras se consolidem como governo local, interajam com a sociedade, façam um diagnóstico permanente do território, formulem políticas públicas para o local, acompanhem o andamento dessas políticas e desenvolvam processos sistemáticos com as agências de governo que não são locais. Para termos uma ação articulada e pactuada de políticas, não há necessidade de uma superestrutura nas subprefeituras, pelo contrário, quanto mais leve e ágil forem, mais facilmente reagem às mudanças".

A articulação das políticas das várias secretarias, aumentando a racionalidade de suas ações e desenvolvendo de modo sinérgico seu potencial, é um exercício concreto do governo local. Desse modo, põe-se em prática, apesar das dificuldades advindas do caráter conservador da máquina pública, um modelo de gestão que une diversas áreas. Isso permite tratamento adequado às diferentes realidades e respostas mais rápidas às necessidades locais, aprimorando a eficiência, a racionalização dos recursos e a transparência dos serviços prestados à população, por meio de uma metodologia que pense a descentralização de forma horizontal e territorial, para que o entendimento do cidadão ocorra de forma sistêmica.[2]

No momento da estruturação das subprefeituras seguiu-se essa orientação, sem contar a definição das coordenadorias e das supervisões das 31 estruturas locais, que geraram longos e exaustivos deba-

---

[2] Plano de ação – governo local – 2000/2003: Rumo às subprefeituras, p. 33.

tes com as secretarias. É importante ressaltar que, como algumas coordenadorias abrangem atividades de vários órgãos, esse processo passou por amplas discussões dentro do governo. As secretarias foram divididas em sete coordenadorias agrupadas por áreas-meio e áreas-fim. O objetivo era criar coordenadorias que funcionassem como o próprio poder público no território, evitando que a população continuasse tendo de recorrer às secretarias municipais para resolver seus problemas. As premissas dessa estrutura foram garantir agilidade, integração, proximidade das políticas em relação à população e redução do ciclo administrativo com foco no cidadão.

Isso foi fundamental para o rompimento da departamentalização. Um dos grandes benefícios da criação das subprefeituras foi a unificação dos recortes territoriais. A cidade era dividida em 13 Núcleos de Ação Educacional (NAEs), 17 supervisões de Assistência Social, 41 distritos de Saúde e 28 administrações regionais. Isso tudo está unificado nas 31 subprefeituras, cujos limites configuram-se no único recorte da cidade, além dos processos burocráticos de gestão de pessoas, orçamento, suprimento etc. de todas as áreas terem passado para a coordenadoria de Administração e Finanças.

Com a consolidação efetiva das subprefeituras, caberá às secretarias municipais as seguintes funções pertinentes à gestão da cidade como um todo: as diretrizes e a coordenação das políticas do governo, o controle do tráfego e do sistema de transportes, a realização de obras de grande porte, como corredores e drenagem, a pesquisa e implementação de novas tecnologias e procedimentos, a elaboração de regulamentos e normas de interesse geral da cidade, a relação com o Poder Legislativo e com organismos internacionais, a coordenação das operações urbanas e ações metropolitanas, a arrecadação e gerenciamento de execução orçamentária e a gestão de equipamentos públicos de grande porte.

A Lei 13.399, publicada em 2 de agosto de 2002, criou as 31 subprefeituras da cidade de São Paulo, normatizadas por portaria no dia 21 de dezembro do mesmo ano e que passou a vigorar trinta dias

estrutura organizacional das subprefeituras

após sua publicação. Já com as subprefeituras assumindo suas novas atribuições e competências, um novo projeto de lei foi encaminhado à Câmara de Vereadores em dezembro de 2003, para criação da estrutura das subprefeituras. Com a aprovação da Lei 13.682, depois de muita discussão entre os subprefeitos, secretários e membros da Câmara, a estrutura das subprefeituras ficou da seguinte forma:

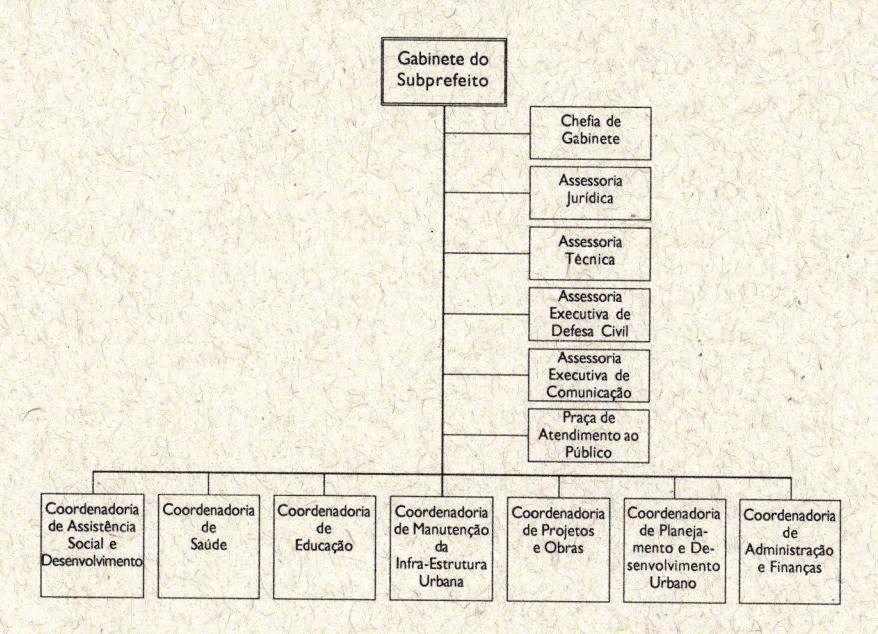

```
                    Gabinete do
                    Subprefeito
                         |
                         ├── Chefia de Gabinete
                         ├── Assessoria Jurídica
                         ├── Assessoria Técnica
                         ├── Assessoria Executiva de Defesa Civil
                         ├── Assessoria Executiva de Comunicação
                         └── Praça de Atendimento ao Público
```

- Coordenadoria de Assistência Social e Desenvolvimento
- Coordenadoria de Saúde
- Coordenadoria de Educação
- Coordenadoria de Manutenção da Infra-Estrutura Urbana
- Coordenadoria de Projetos e Obras
- Coordenadoria de Planejamento e Desenvolvimento Urbano
- Coordenadoria de Administração e Finanças

Ao SUBPREFEITO cabe a decisão, a direção, a gestão e o controle dos assuntos municipais em nível local. Ele deve representar, política e administrativamente, a Prefeitura na região.

No gabinete do subprefeito estão a chefia de gabinete; a assessoria Jurídica, responsável pela assistência e consultoria Jurídica, além de licitações e contratos; a assessoria Técnica acompanha a implantação de projetos; a assessoria Executiva de Comunicação, responsável pela comunicação com o público interno e externo; a assessoria Executiva de Defesa Civil cuida da prevenção e atendimento de emergências em áreas de risco, e a Praça de Atendimento, responsável pelo atendimento ao cidadão.

estrutura organizacional das subprefeituras

Diretamente ligados ao subprefeito estão os coordenadores. A eles compete executar, no âmbito da subprefeitura, a política de governo de acordo com as especificidades locais; coordenar e controlar as atividades a eles subordinadas; propor prioridades e orientar o desenvolvimento de programas e projetos relativos à realização dos objetivos e metas.

A COORDENADORIA DE ASSISTÊNCIA SOCIAL E DESENVOLVIMENTO responde pela implantação e execução das políticas públicas de inclusão e promoção nas áreas de Assistência Social, Trabalho, Segurança Alimentar, Habitação, Esporte, Lazer e Cultura; coordena, propõe, articula e participa de projetos integrados de Ação Social e Desenvolvimento no âmbito da subprefeitura; acompanha e subsidia o subprefeito; emite parecer conclusivo para a instância superior quanto à celebração de parcerias e convênios para a prestação dos serviços afetos à coordenadoria e representa a subprefeitura nas áreas referidas.

A COORDENADORIA DE PLANEJAMENTO E DESENVOLVIMENTO URBANO é responsável pela implantação e execução das políticas municipais e ações nas áreas de Controle do Uso do Solo e Licenciamentos, Fiscalização e Planos de Desenvolvimento Sustentável (Habitacionais, Ambientais, de Transporte, Urbanísticos e de Uso do Solo) no âmbito da subprefeitura; coordena, propõe, articula e participa de ações integradas de Planejamento e Desenvolvimento Urbano no âmbito da subprefeitura; acompanha e subsidia o subprefeito quanto às decisões afetas ao Planejamento e Desenvolvimento Urbano; emite parecer conclusivo para a instância superior quanto à celebração de parcerias e convênios para a prestação dos serviços, bem como para defesas e recursos impetrados contra a lavratura de multas administrativas afetas à coordenadoria; representa a subprefeitura nas áreas referidas.

estrutura organizacional das subprefeituras

A COORDENADORIA DE MANUTENÇÃO DA INFRA-ESTRUTURA URBANA cuida da implantação e execução das políticas municipais e ações de Limpeza Pública e de Manutenção e Reparos no âmbito da subprefeitura; coordena, propõe, articula e participa de ações integradas de Manutenção da Infra-Estrutura; acompanha e subsidia o subprefeito quanto às decisões afetas à coordenadoria; emite parecer conclusivo para a instância superior quanto à celebração de contratos, convênios e parcerias para a prestação dos serviços afetos à coordenadoria; representa a subprefeitura nas áreas referidas junto às secretarias correspondentes.

Cabe à COORDENADORIA DE PROJETOS E OBRAS responder pela implantação dos Projetos e Obras Novas no âmbito da subprefeitura; assegurar a execução e integração das atividades das Divisões de Próprios e Edificações, de Drenagem, de Viário e de Urgências Urbanas de acordo com a legislação, com as políticas públicas e diretrizes fixadas; assegurar a elaboração de projetos e a implantação de obras em conformidade ao Plano Regional da subprefeitura; acompanhar e subsidiar o subprefeito quanto às decisões afetas à coordenadoria; emitir parecer conclusivo para a instância superior quanto à celebração de contratos, convênios e parcerias para a prestação dos serviços afetos à coordenadoria e representar a subprefeitura nas áreas referidas junto às Secretarias correspondentes.

À COORDENADORIA DE EDUCAÇÃO cabe responder pela implementação da Política Municipal de Educação no âmbito da subprefeitura; elaborar Plano anual e plurianual da coordenadoria; assegurar a produção e disponibilização de informações sobre as ações da coordenadoria internamente e ao conjunto da subprefeitura; coordenar, propor, articular e participar de ações integradas de Educação no âmbito da subprefeitura; acompanhar e subsidiar o subprefeito quanto às decisões na área de Educação; emitir parecer conclusivo para a instância superior quanto à celebração de parcerias e convênios para a prestação dos serviços afetos à coordenadoria; assegurar o treinamento e desenvolvimento dos profissionais que compõem a coordenadoria e representá-la junto à Secretaria Municipal de Educação.

A COORDENADORIA DE SAÚDE é responsável pela implantação da Política Municipal de Saúde no âmbito da subprefeitura; elabora e implanta o Plano de Gestão Local de Saúde (anual e plurianual), assim como a Agenda Local de Saúde em consonância com a Agenda Municipal de Saúde; prevenção, promoção, recuperação e vigilância em Saúde no âmbito da subprefeitura; responde pela pactuação dos recursos de Saúde junto a Instituições e Órgãos de Saúde para o atendimento às demandas da área de abrangência da subprefeitura; coordena a gestão da Política de Saúde; assegura a implantação e acompanhamento das ações de avaliação e controle do SUS no âmbito da subprefeitura; assegura o controle social de acordo com as dimensões territoriais adotadas pela SMS; assegura a produção e disponibilização de informações sobre as ações da coordenadoria internamente e ao conjunto da subprefeitura; coordena, propõe, articula e participa de ações integradas de Saúde no âmbito da subprefeitura; acompanha e subsidia o subprefeito quanto às decisões afetas à Saúde; representa a área de Saúde da subprefeitura junto à Secretaria Municipal de Saúde.

Na COORDENADORIA DE ADMINISTRAÇÃO E FINANÇAS travou-se um dos grandes embates desse processo, pois a departamentalização do serviço público torna algumas dificuldades quase intransponíveis. Saúde e educação, por exemplo, são tradicionalmente ordenadores de despesas, responsáveis por seus quadros de pessoal e seus recursos orçamentários e foram muito resistentes em mudar isso; queriam, de modo geral, garantir que essa estrutura, presente nas secretarias, se mantivesse nas subprefeituras. Mas a visão intersetorial do modelo atual de descentralização não permite que tal procedimento se reproduza, assim, a Coordenadoria de Administração e Finanças deve ser responsável por todas as áreas de pessoal e orçamentária da subprefeitura. Dessa forma, cabe a ela responder pela implantação e execução das políticas municipais nas áreas de Administração, Gestão de Pessoas, Suprimentos e de Finanças no âmbito da subprefeitura; emitir parecer conclusivo para a instância superior quanto à celebração de contratos, convênios e parcerias para a prestação dos serviços afetos à coordenadoria; assegurar o treinamento e desenvolvimento dos profissionais que compõem a coordenadoria; representar a subprefeitura nas áreas mencionadas junto às Secretarias correspondentes.[3]

"A descentralização é uma reforma administrativa, portanto ela redefine o papel das secretarias e das subprefeituras. As primeiras vão evoluir para órgãos normatizadores, controladores, planejadores e se tornarão menos executoras. Claro que ainda teremos algumas secretarias tocando grandes obras, mas, no geral, se envolverão menos na execução e mais no planejamento. Esta redefinição é um processo complexo que se insere em um contexto maior, que redesenhará toda a estrutura administrativa do município" – Antônio Donato, ex-secretário municipal de Subprefeituras.

---

[3] As descrições das atribuições são da Portaria 6, de 21 de dezembro de 2002, que normatizou as atribuições dos cargos das subprefeituras. Até a conclusão deste livro, alguns grupos de trabalho estavam discutindo a revisão desta portaria à luz das novas necessidades das subprefeituras e da Lei 13.682.

Capítulo 6

Arquitetura da descentralização

■ ■ ■

O TEMPO É DE MUDANÇAS, caracterizado por inovações tecnológicas, comunicação ampliada, novas e crescentes necessidades num cenário societário e organizacional cada vez mais complexo. Os governos são avaliados sob a ótica da eficácia social, da competência, da eficiência operacional e, também, sob o modo como agregam valor à sociedade.

Antecipar-se às transformações, capacidade e velocidade de adaptação são atributos essenciais para o sucesso de uma organização. Desenvolver e implementar um modelo orientado por um projeto político, integrado, educativo e participativo, que garanta níveis cada vez maiores de eficácia nas ações do governo deve ser o grande esforço do setor público.

Com a criação das subprefeituras em São Paulo um novo desafio se apresentou: descentralizar política e administrativamente o poder público municipal sem originar núcleos independentes de governo, desconexos com o programa previsto para a cidade. Seria impossível realizar a passagem de uma administração centralizada e do porte de São Paulo para uma administração descentralizada, com o grau de autonomia que existisse um bom planejamento.

Antônio Donato, secretário de Subprefeituras em 2003, acredita que "o sucesso desse ambicioso projeto teria de passar pela capacidade de todos os agentes locais trabalharem de forma integrada e planejada. O ideal seria delegar e descentralizar sem pulverizar re-

arquitetura da descentralização

cursos e energias, sem criar 31 governos sem conexão uns com os outros".

A Secretaria de Subprefeituras

Conforme mencionado, a criação das subprefeituras não podia gerar na cidade uma falta de unidade nas políticas setoriais e esse é o papel das secretarias (saúde, educação, obras etc.): garantir a aplicação das orientações do governo. A Secretaria de Subprefeituras é o órgão com atribuição legal para coordenar o processo de implementação das subprefeituras. Era fundamental que se criasse um órgão que acompanhasse a consolidação da descentralização, intermediasse negociações e auxiliasse de forma permanente os 31 núcleos de poder local. Nesse sentido, abordaremos o papel da Secretaria Municipal de Subprefeituras como articuladora entre as subprefeituras e as secretarias e, mais do que isso, entre as próprias subprefeituras.

A Secretaria começou a ganhar consistência já no início da gestão da prefeita Marta Suplicy, que transformou a Secretaria Municipal das Administrações Regionais (SARs) em Secretaria de Implantação das Subprefeituras (SIS). Coube à SIS a articulação e a elaboração da Lei que descentralizaria a cidade de São Paulo. A mesma lei que criou as subprefeituras, publicada em agosto de 2002, fez da SIS a Secretaria Municipal de Subprefeituras (SMSP). Esta converteu-se em um órgão que, além da função permanente de coordenar o trabalho da descentralização, tinha papel crucial no processo de transição: assessorar a prefeita e mantê-la informada sobre as "metas e atividades das subprefeituras", além de lhe sugerir como encaminhar os apoios e solicitações oriundos delas (artigo 10). A SMSP tem poderes para monitorar o enfrentamento de todas as dificuldades do meio do caminho e, assim, preservar a idéia do projeto.

Roberto Garibe, chefe de gabinete da SMSP, afirma que "a função da Secretaria é, e deve continuar sendo, garantir a execução dos diversos pactos de gestão e acompanhar as diretrizes do governo em todas as subprefeituras. Não há nenhuma relação de hierarquia,

arquitetura da descentralização

pois com a consolidação das subprefeituras, a Secretaria deve passar a ter uma função de coordenadora e auxiliadora do planejamento e da integração das políticas nas subprefeituras".

A partir da instalação e do efetivo funcionamento das subprefeituras, o papel da SMSP passa a ser outro. "A Secretaria deve rapidamente se desenvolver como órgão articulador e, com isso, acompanhar as diversas políticas públicas, a articulação de fóruns de negociação localizados, a regulamentação e as revisões constantes dessas políticas no território. Temos de continuar apoiando a consolidação das subprefeituras e fortalecendo o papel político dos subprefeitos", declara Paulo Capucci, assessor da SMSP.

O atual secretário municipal de Subprefeituras, Carlos Zarattini, sustenta que "a SMSP deve ter um papel de controle e de coordenação, dar uniformidade aos projetos, aos programas, para que se continue caminhando de acordo com o percurso traçado. Deve-se evitar que uma subprefeitura siga passos diferentes dos do governo ou que execute políticas diversas das que as outras estão executando. É preciso aprimorar a execução dos programas e do orçamento, de modo que a gente ajude os subprefeitos a usarem da melhor forma possível seus recursos".

A Secretaria também teve de reestruturar e ampliar sua área de comunicação. À equipe incorporaram-se mais quatro profissionais, o que possibilitou a criação de uma pequena estrutura de apoio às subprefeituras. A cidade foi dividida em quatro regiões, e para cada uma delas foi destinado um coordenador regional de comunicação – sem relações hierárquicas com os profissionais locais –, para atuar como facilitador da interligação regional e das ações de apoio entre as subprefeituras e entre elas e a SMSP, coordenar as atividades dos estagiários de comunicação nas subprefeituras, fornecer à Secretaria de Comunicação e Informação Social notícias e informações das subprefeituras, apoiar e alimentar o *site* da Prefeitura, coordenar a estratégia de comunicação regional e comunitária.

O modelo de gestão desenvolvido na Secretaria foi aplicado nas subprefeituras, primeiro, com a organização dos comitês gestores que elaboraram um diagnóstico, seguido do plano de ação imediata para resolver os problemas mais urgentes e depois o plano de ação estratégico. A SMSP também discutiu a fundo seu papel ante a descentralização, as necessidades de reorganização interna e os serviços que deveriam ser descentralizados.

Para fazer avançar um projeto de tamanha complexidade, a implementação do modelo de gestão orientou-se pela seguinte metodologia:

a) Análise organizacional e elaboração do plano de trabalho: nessa etapa, o objetivo central foi produzir um diagnóstico geral e específico das subprefeituras para definir os principais desafios a serem enfrentados bem como definir os problemas imediatos e estratégicos.

b) Preparação do ambiente interno: todo novo processo de implantação de programas de gestão exige a preparação do ambiente interno para que as mudanças organizacionais ocorram. É fundamental, portanto, que as pessoas estejam envolvidas, motivadas e informadas.

c) Implantação do modelo de gestão: nessa etapa, operacionalizou-se o plano de trabalho apresentado como resultado da análise organizacional por meio das estruturas coletivas de trabalho (Comitês de Gestão das subprefeituras). Teve início o treinamento sobre conceitos e a metodologia do modelo de gestão, além de conhecimentos relativos a cada área, a definição do plano de ação imediato e estratégico e o sistema de indicadores dos projetos estratégicos e das áreas.

d) Avaliação interna: definição do modelo de avaliação permanente do sistema gerencial, com a elaboração de indicadores para exame dos resultados obtidos.

O objetivo do esquema descrito foi implantar uma metodologia de gestão uniforme, que garantisse um padrão para todas as subprefeituras, possibilitando a ação coordenada, para qualificar a execução das diretrizes do governo.

Para gerenciar todo o processo de descentralização, foi utilizada uma ferramenta, na internet, que responde a três desafios centrais: a gestão da informação, do planejamento e do conhecimento, qual

arquitetura da descentralização

seja, o Portal de Gestão, um instrumento adaptado para a descentralização e fundamental para a tomada de decisão. O Portal de Gestão possui as seguintes características:

▪ UNIFORMIZAÇÃO E PADRONIZAÇÃO DA METODOLOGIA DE GESTÃO:[1] a descentralização da administração não pode conviver com diversas metodologias de gestão, por isso a existência de um padrão é fundamental para racionalizar e simplificar o funcionamento das subprefeituras;

▪ COMPARAÇÃO MÚTUA DE DESEMPENHO ENTRE AS ÁREAS: com as subprefeituras é possível analisar projetos, ações e indicadores não apenas da região específica, mas, simultaneamente, das demais. A comparação de desempenho possibilita a identificação e adoção das melhores práticas de gestão;

▪ SISTEMA ON LINE: o Portal de Gestão viabiliza a pesquisa, a consulta com mais agilidade e o contínuo monitoramento de ações, projetos, indicadores etc.;

▪ DEMOCRATIZAÇÃO E TRANSPARÊNCIA DA INFORMAÇÃO: uma das premissas centrais dos governos deve ser permitir à sociedade o acesso às informações. Porém, há dificuldades para disponibilizá-las. O Portal de Gestão contribui para gerar maior transparência de informações interna e externa;[2]

▪ CAPACITAÇÃO PERMANENTE: o Portal de Gestão traduz uma metodologia que requer contínuo aprendizado dos profissionais en-

---

[1] O Portal contribui para que as políticas e projetos ampliem sua integração e intersetorialidade. Essa é uma das características fundamentais da descentralização: gestão territorial que fortaleça políticas horizontais entre as coordenadorias nas subprefeituras. O Portal cumpre essa função, porque está disponível a todos os gestores e utiliza uma metodologia padronizada que facilita a integração entre as áreas.

[2] "Dentro de estas grandes administraciones públicas tampoco se producen colaboraciones de carácter interdepartamental, no hacen circular la información y las experiencias y, por lo tanto, tampoco se produce una lógica de aprendizaje institucional global", in: Carlos Ramió Matas. *Las debilidades y los retos de la gestión pública en red con una orientación tecnocrática y empresarial*. Barcelona: Universidad Pompeu Fabra, mimeografado, p. 14.

arquitetura da descentralização

volvidos na implantação do processo de desenvolvimento organizacional.[3]

▣ AGILIZAÇÃO NA TOMADA DE DECISÃO: com a disponibilização da informação de maneira organizada e acessível, o processo coletivo de decisão pode amparar-se, de forma mais fidedigna, em dados e fatos. As decisões podem ocorrer sem serem retardadas pela ausência ou inconsistência de informações;

▣ IMPLANTAÇÃO DE SISTEMA AMIGÁVEL PARA ALIMENTAÇÃO: o Portal é uma ferramenta de trabalho utilizada e alimentada de forma descentralizada por todos os gestores. Caso contrário iria de encontro ao método que busca fortalecer a participação, a delegação e a descentralização gerencial. A informação é inserida pelos gestores e é acessível ao conjunto da organização, contribuindo para evitar a fragmentação gerencial e a compartimentalização do conhecimento;

▣ ORGANIZAÇÃO DOS FÓRUNS GERENCIAIS: o Portal é um facilitador para o funcionamento das estruturas coletivas de gestão, vitais para sustentar a descentralização, pois apresenta a situação dos projetos, seus indicadores de desempenho, as atas de reuniões etc. Com isso qualifica-se o sistema de avaliação e monitoramento da gestão, bem como a tomada de decisão;

▣ COMUNICAÇÃO INTERNA E DISSEMINAÇÃO DE INFORMAÇÕES: as áreas podem ser consideradas disciplinas do conhecimento (educação, saúde, habitação, economia, administração etc.). Por isso, têm no Portal um recurso de divulgação das informações mais atuais de seu campo de conhecimento, podendo apresentar revistas, livros, artigos e *links* com *sites* específicos. A importância de socializar essas informações reside na sua disponibilização pública e no estímulo coletivo para atualização do conhecimento. Adotando essa prática como rotina, garante-se mais um reforço à atualização de novos projetos

---

[3] Essa capacitação pode também ser realizada, com o apoio do Portal de Gestão, por educação à distância. Esse é um recurso que deve ser utilizado seja para massificar a capacitação para os profissionais das subprefeituras, seja para a formação de gestores como forma de ampliar e qualificar a delegação técnico-administrativa.

e ações, motivadas pelas informações, que estimulam a busca de conhecimento e contribuem para solidificar o desenvolvimento contínuo da gestão;

▪ DIVULGAÇÃO DE INDICADORES DE RESULTADO: os indicadores representam a possibilidade de gerenciamento da organização, facilitando a visualização do seu desempenho e qualificando a intervenção política com informações oriundas da realidade. Como os indicadores devem ser utilizados juntamente com os coletivos de trabalho, qualifica-se a avaliação das ações aumentando a possibilidade de a organização otimizar os resultados. O Portal de Gestão é um recurso para registro e análise dos indicadores, bem como das iniciativas para corrigir ou manter as ações realizadas.

O Portal está sendo utilizado por todas as subprefeituras para acompanhamento e desenvolvimento dos projetos. Isso confere agilidade e democratiza a informação, já que há transparência, comunicação interna e controle. A região central da cidade, por exemplo, é administrada pela subprefeitura da Sé, que possui dez distritos com população de 373 mil habitantes, além de dois milhões de pessoas que caminham diariamente pela região. Para fazer a administração desta "cidade", o subprefeito da Sé, Sérgio Torrecilas, acredita que o Portal foi um instrumento essencial, uma vez que "ajudou muito os gestores a acompanharem os trabalhos desenvolvidos por todas as áreas da subprefeitura".

Os fóruns gerenciais

Para operacionalizar o modelo de gestão foram estruturados diversos fóruns gerenciais com atividades e funções distintas. Todos os fóruns baseiam-se em duas premissas:

a) fortalecimento do trabalho coletivo em contraposição a modelos organizacionais centralizados, departamentalizados, hierarquizados e sem participação;

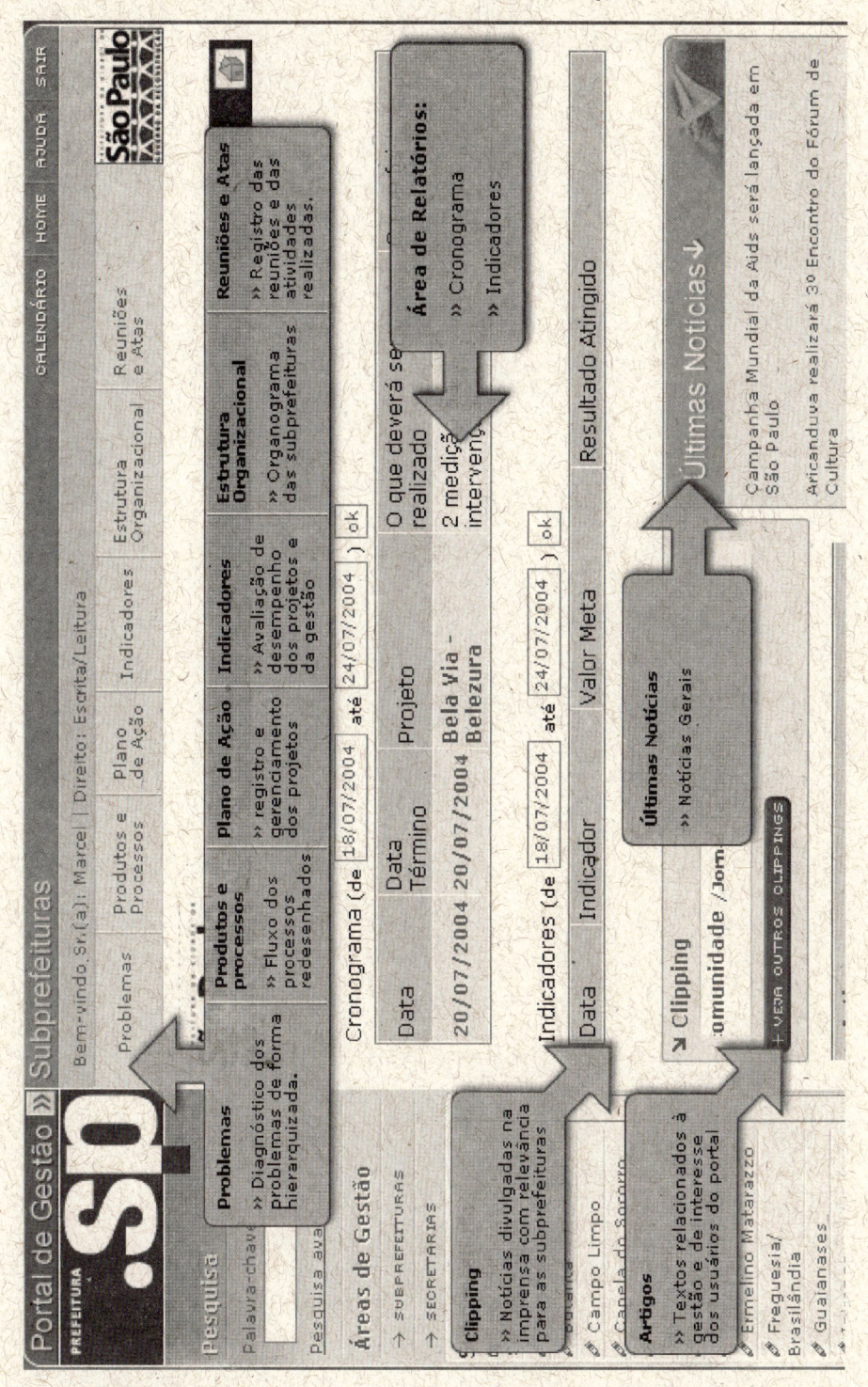

arquitetura da descentralização

arquitetura da descentralização

b) uma organização se constitui de um conjunto de disciplinas ou áreas de conhecimento que, embora distintas, são complementares, uma vez que estão focadas para os objetivos comuns (projetos estratégicos, missão etc.), expressos numa estrutura geral de gerenciamento.

É preciso estruturar fóruns gerenciais que decidam e deleguem atribuições. Sua estruturação e funcionamento são fundamentais para a descentralização por proporcionarem a discussão e o encaminhamento de questões gerais da subprefeitura e específicas de cada área. Num processo como esse, é absolutamente necessário trabalhar com espaços coletivos de discussão e deliberação. Para a implantação do modelo de gestão, constituíram-se os seguintes fóruns:

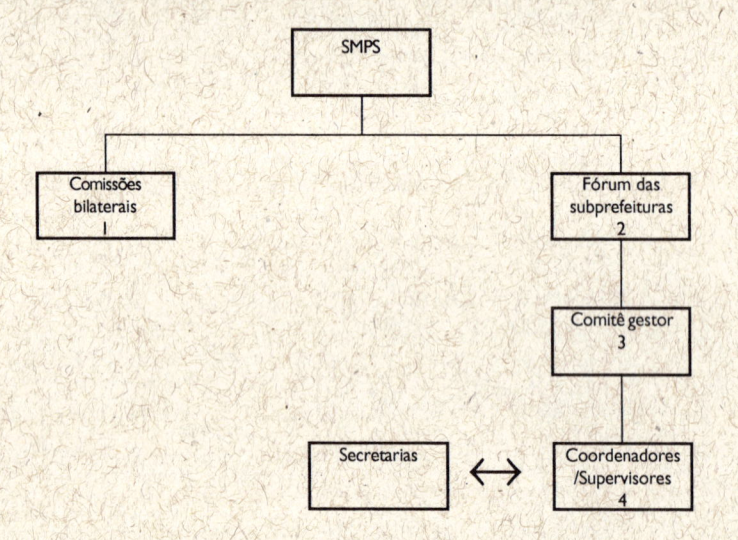

```
                    ┌──────────┐
                    │   SMPS   │
                    └────┬─────┘
              ┌──────────┴──────────┐
        ┌─────┴──────┐        ┌─────┴──────┐
        │ Comissões  │        │  Fórum das │
        │ bilaterais │        │subprefeituras│
        │     1      │        │      2     │
        └────────────┘        └─────┬──────┘
                                    │
                              ┌─────┴──────┐
                              │Comitê gestor│
                              │      3     │
                              └─────┬──────┘
                                    │
        ┌────────────┐        ┌─────┴──────┐
        │ Secretarias│  ←→    │Coordenadores│
        │            │        │/Supervisores│
        │            │        │      4     │
        └────────────┘        └────────────┘
```

1. Comissões bilaterais

Uma das principais atividades coordenadas pela SMSP foi mediar a transferência dos serviços, recursos humanos e financeiros das demais secretarias para as subprefeituras.

Com a publicação da Lei que criava as subprefeituras, a descentralização passou a ser uma realidade em São Paulo. Embora fosse um passo corajoso, era apenas o começo de um profundo debate sobre

arquitetura da descentralização

quais atribuições seriam repassadas para gestão dos administradores locais. Foi necessário criar uma espécie de mesa de negociação para que as secretarias e as subprefeituras decidissem juntas quando e de que forma os serviços seriam repassados. A decisão da Prefeitura de São Paulo foi encaminhar o processo de descentralização de forma gradual, tentando evitar, ao máximo, conflitos e descontinuidade de serviços.

O ex-secretário de Governo de São Paulo na gestão Marta Suplicy, Rui Falcão, acha que essa estratégia foi uma decisão acertada. "É natural que em cada secretaria existam focos de poder que não se descentralizam simplesmente por decreto; no entanto, esse é um problema secundário hoje, prevalecendo a idéia de não desorganizar o governo, principalmente num momento em que há uma série de realizações em andamento, um plano de obras bastante ambicioso e que o processo eleitoral foi antecipado pelo jogo da oposição. É realmente muito difícil mudar todo o governo, todo o mecanismo de administração da cidade, corre-se o risco de desorganizar o antigo sem organizar o novo".

Várias ações foram postas em prática para dar agilidade ao processo imediatamente após a publicação da Lei 13.399. A atuação se deu, basicamente, em duas grandes frentes: uma, relacionada à estruturação das subprefeituras, capacitando-as para recepcionar suas novas atribuições e competências; outra, referente à articulação com as secretarias e demais órgãos do governo.

Para encaminhar essa negociação, foram criadas as comissões bilaterais, compostas por membros das secretarias e mediadas pela SMSP. Durante o ano de 2003, as comissões examinaram cada estrutura e processo de trabalho, decidindo serviços, pessoal, verbas e equipamentos que foram e ainda continuam a ser transferidos das Secretarias para as subprefeituras.

Uma vez definido, por meio das comissões bilaterais, o que seria descentralizado, deu-se início ao mapeamento e ao redesenho dos processos que passariam a ser desenvolvidos pelas subprefeituras.

arquitetura da descentralização

O objetivo disso era diminuir passos desnecessários e criar procedimentos comuns na execução do trabalho.

Com o andamento das reuniões das comissões, algumas dificuldades se apresentaram. Uma delas foi a divisão dos recursos humanos, mesmo nas secretarias que já possuíam estrutura descentralizada. A Educação, conforme já citado, possuía 13 Núcleos de Ação Educativa (NAEs) os quais tiveram de desmembrar sua estrutura em 31 coordenadorias de Educação nas subprefeituras. A mesma situação ocorreu com a Secretaria de Assistência Social, que tinha 17 supervisões regionais e também precisou dividi-las em 31 supervisões dentro da coordenadoria de Assistência Social.

Para o ex-secretário de Subprefeituras, Antônio Donato, embora com todas as dificuldades, pelo menos parte da tradição centralizadora da máquina pública, manifestada muitas vezes durante as discussões, foi modificada. "Fomos, com muito debate e até alguns embates, superando as resistências e divergências que apareceram durante o trabalho. Todos nós sabíamos que não seria fácil, mas a prefeita Marta Suplicy nos tinha dado a clara orientação de que a descentralização deveria se tornar realidade nesta gestão, e foi com esta meta que construímos o processo", afirma.

Nesse sentido, a consolidação da descentralização dependia de forma decisiva do bom andamento das comissões bilaterais, implicando transferências de funções, de recursos humanos e financeiros.

Por contar com atendimento regionalizado aos cidadãos, a área da Saúde foi a que mais prontamente descentralizou suas estruturas. "A Saúde já trabalhava de forma descentralizada, nós tivemos que fazer ajustes, mas colocamos as estruturas funcionando dentro das subprefeituras no menor tempo possível. Nós trabalhamos todo tempo com o conceito de que a descentralização é a única forma de melhorar o atendimento ao cidadão, aproximando a gestão diária da população e ficando com a Secretaria a tarefa de pensar e dar as diretrizes para a política destinada à cidade de São Paulo como um todo", acredita Marco Akerman, secretário adjunto da Saúde.

2. Fórum dos subprefeitos

Seu objetivo foi garantir a comunicação necessária entre os subprefeitos, a SMSP e outros órgãos de governo. Nas primeiras reuniões, os secretários das pastas temáticas compareciam para falar sobre as atividades das diversas áreas, dos processos que seriam descentralizados, além de ouvir dúvidas e críticas. Esse início foi marcante, pois criou-se uma esfera coletiva de decisão, consulta e formulação.

Com o tempo, o fórum constituiu-se como espaço de troca de informações entre os subprefeitos e a própria Secretaria de Subprefeituras. Para o secretário de Subprefeituras, Carlos Zarattini, o fórum dos subprefeitos é muito importante porque promove a troca de informação sobre as ações de governo e sobre experiências administrativas. "Esse espaço garante que todos os subprefeitos tenham informações iguais sobre o que o governo está fazendo e possibilita que compartilhem experiências administrativas de sucesso. Sem dúvida, esse fórum está ajudando a consolidar o novo modelo de administração que estamos desenvolvendo em São Paulo".

"Nós trabalhamos com regiões diferentes e, conseqüentemente, com realidades muito distintas. Embora pertencendo à mesma prefeitura, as demandas das comunidades não correspondem umas às outras. A necessidade da região da Vila Mariana é basicamente de manutenção, enquanto as necessidades de São Miguel Paulista, por exemplo, são de outra ordem. A troca de experiência e a capacidade de resolver problemas coletivamente são essenciais", declara Luiz Roque Eiglmeier, subprefeito da Vila Mariana.

As reuniões serviram para aprofundar o processo de socialização política e aproximar os subprefeitos daquilo que estão vivenciando, facilitando a sua formação técnico-gerencial.

3. Comitês de Gestão

O poder compartilhado e a discussão coletiva também foram usados como método de trabalho nas subprefeituras. Em todas elas foram montados comitês de gestão constituídos pelos coordenadores de cada área (Educação, Saúde, Planejamento Urbano, Manutenção da Infra-Estrutura Urbana, Administração e Finanças, Assistência Social e Desenvolvimento e Projetos e Obras), além de assessores e o chefe de gabinete, que dividem com o subprefeito a responsabilidade pelo planejamento e gestão regional.

O Comitê de Gestão é um órgão de consulta, apoio, decisão e aprendizagem coletiva, responsável pelo gerenciamento global das atividades da subprefeitura.

Nas reuniões, que acontecem semanalmente, há pauta definida e discute-se, de modo geral, problemas, projetos e as principais atividades e estratégias da subprefeitura. Ao final, atas são elaboradas e disponibilizadas no Portal de Gestão.

Esses comitês foram responsáveis pela operacionalização do modelo de gestão, garantindo a ação integrada no território. "Pensar e agir coletivamente foi nosso maior avanço com a montagem do comitê gestor. Conseguimos planejar e discutir as questões importantes para nossa região, definir metas e resolver em grupo nossos problemas", avalia Adalberto Dias de Sousa, subprefeito de São Miguel Paulista.

4. Colegiados

Garantir a unidade das políticas setoriais em toda a cidade foi uma das principais preocupações no processo de descentralização. Para que essas políticas não fossem aplicadas de forma diferente em cada um dos territórios, foram criados os colegiados, isto é, reuniões de orientação entre as secretarias, os coordenadores e os supervisores das respectivas áreas. Por exemplo, os coordenadores de Educação se reúnem sistematicamente com a Secretaria de Educação, o que garante a unidade da política de Educação em toda cidade, criando-se aí um outro fórum gerencial; o mesmo acontece com a Saúde, a Assistência Social, o Planejamento Urbano e assim por diante.

arquitetura da descentralização

PLANEJAMENTO

Com o método assimilado pelas subprefeituras, comitês gestores estruturados e os principais problemas identificados, a partir do diagnóstico elaborado, o planejamento foi divido em etapas, amparadas pelo Portal, que garantiu a gestão *on line* de todas elas.

Na primeira, aconteceu a elaboração do plano de ação imediata: ações de caráter emergencial para solucionar as principais demandas que precisavam ser encaminhadas pelas recém-criadas subprefeituras. O método usado foi o de resolver os problemas mais imediatos para, posteriormente, abordar os mais complexos, que exigem maior tempo de análise, maior investimento, discussões entre as subprefeituras e o centro do governo. Esse trabalho foi fundamental para dar base à etapa posterior.

O segundo passo foi a elaboração do plano de ação estratégico. A partir das realidades regionais, das demandas locais e das prioridades de governo, definiram-se os projetos estratégicos, orientados por oito eixos gerais (ver quadros das páginas 82 a 84) para as 31 subprefeituras, mantendo a preocupação de não criar governos diferentes na cidade. Essa delimitação foi resultado da discussão entre subprefeitos, a SMSP e a prefeita Marta Suplicy, em seminários especialmente realizados para tal fim. Cada subprefeitura desenvolveu também ao menos um projeto de identidade local, baseando-se no contato direto com a população, nas demandas estabelecidas pelo Orçamento Participativo e oriundas do Plano de Desenvolvimento Regional. O esforço de planejamento foi coroado pela elaboração do orçamento 2004, que passou de R$ 545 milhões no início de 2003 para R$ 3,1 bilhões, cujo destino são projetos e novas atribuições das subprefeituras nas áreas da Saúde, Educação, Esporte, Cultura, Abastecimento, além da manutenção, conservação e limpeza dos próprios municipais e vias públicas. Em 2004, coube às subprefeituras a gestão de 18,9% do orçamento da cidade de São Paulo, conforme gráfico.

arquitetura da descentralização

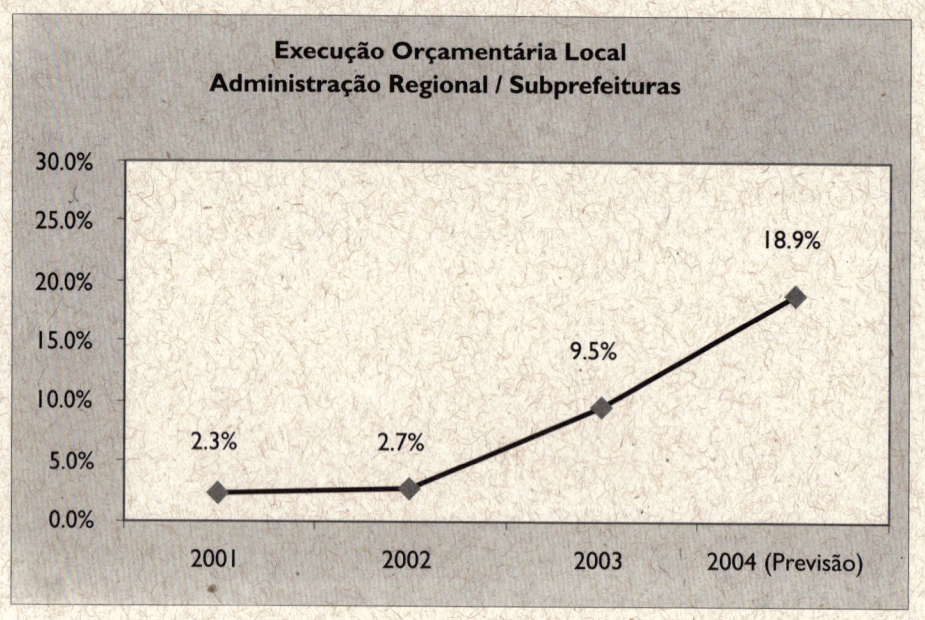

Execução Orçamentária Local
Administração Regional / Subprefeituras

- 2001: 2.3%
- 2002: 2.7%
- 2003: 9.5%
- 2004 (Previsão): 18.9%

Fonte: Site da Prefeitura de São Paulo e Assessoria Técnica de Assuntos Econômicos e Financeiros a SMSP, junho/2004.

Os oito eixos desenvolvidos foram:

INTEGRAÇÃO: articulação do maior número possível de ações das diversas coordenadorias para divulgar e dar maior visibilidade ao trabalho da Prefeitura, fazendo com que os cidadãos compreendam o papel da subprefeitura e sua diferença em relação às antigas Administrações Regionais. Realizar no mesmo bairro ou distrito, em um mesmo dia ou semana, ações de zeladoria e manutenção da infra-estrutura urbana, oficinas e apresentações culturais, cinema, ações da saúde, recreação para idosos e crianças. Promover reuniões com a comunidade tanto para divulgação e orientação dos serviços públicos quanto para organização cidadã e prestação de contas.

Belezura: embelezamento e manutenção de áreas públicas da região, visando a um ambiente agradável, de bem-estar; limpeza, conservação, recuperação, revitalização de espaços de lazer como praças, parques, jardins, canteiros centrais e quadras dos bairros e nas principais vias públicas da subprefeitura; arborização e ajardinamento, especialmente em áreas de maior exclusão social e próximas aos corredores de ônibus; recuperação estética de locais deteriorados, revitalização e requalificação dos principais corredores comerciais da região.

Reciclar: coleta, separação, reciclagem e destinação do lixo domiciliar, reduzindo o volume do descarte nos aterros sanitários e lixões. Esse processo deve estar incorporado às políticas de geração de trabalho e renda e incentivo ao trabalho associado e cooperativado.

Praças de atendimento: representam a porta de entrada do munícipe na Prefeitura, pois constituem um canal de comunicação com os cidadãos.

Áreas de risco: ações de identificação, prevenção e controle de acidentes em áreas de intensa concentração populacional, provocados principalmente por causas naturais (chuvas excessivas) e por edificações irregulares, ocasionando inundações, alagamento de vias e deslizamento de encostas.

Sem barreiras: planejamento de edificações, vias públicas, transportes e habitação para garantir acessibilidade a todos, incluindo, particularmente, portadores de deficiências e pessoas com mobilidade reduzida.

> **Reforma da sede:** obras de reforma, ampliação ou manutenção das sedes das subprefeituras.
>
> **Identidade local:** são ações integradas entre as diversas coordenadorias que têm como centralidade atender às necessidades específicas da população da subprefeitura. Os projetos valorizam e levam em conta características territoriais e servem para a divulgação e fortalecimento cultural de determinados aspectos da região.

A seguir, o número de projetos estratégicos desenvolvidos nas 31 subprefeituras da cidade de São Paulo em 2004.

Eixo prioritário	Total de projetos 2004
Área de risco	102
Belezura	131
Identidade local	126
Integração	87
Praça de atendimento[4]	22
Reciclar	20
Sede da subprefeitura	31
Sem barreiras	33

---

[4] Todas as subprefeituras desenvolveram projetos de Praças de Atendimento. Nesta tabela só aparecem 22, porque as outras subprefeituras concluíram a construção das Praças ainda em 2003.

Capítulo 7

Reestruturação dos fluxos de trabalho
◾ ◾ ◾

NESTE CAPÍTULO trataremos de um tema muito conhecido dos gestores públicos e dos cidadãos em geral: as dificuldades e a morosidade em resolver problemas e agilizar serviços nos diversos órgãos de governos. Isso pode, muitas vezes, ser solucionado com a melhora nos trâmites burocráticos e com a revisão da forma de execução das tarefas.

Há um senso comum de que sempre que se precisa do serviço público as coisas são difíceis, demoradas e ineficazes. Essa situação, quando ocorre, é fruto, muitas vezes, de processos administrativos complicados e burocráticos, com pouco foco na resolutividade e na agilidade. Muitas atividades no serviço público são desenvolvidas da mesma forma por longo tempo, o que além de complicar a execução, dificulta a fiscalização e controle da população e do próprio governo.

Esse quadro estava bastante evidente na Prefeitura de São Paulo, pois houve pouco investimento dos governantes com destino ao incremento dos processos administrativos da cidade. "Se observarmos o que aconteceu no setor público como um todo, na última década, nota-se uma modernização importante em alguns procedimentos, a melhoria no atendimento da população etc. Isso ocorre de fato em alguns municípios, estados e no próprio governo federal. No entanto, analisando o que aconteceu na cidade de São Paulo, onde as gestões Pitta e Maluf entendiam que modernizar a cidade significava fazer

reestruturação dos fluxos de trabalho

obras mais rápidas, não se teve nenhum esforço modernizador do município, ou seja, enquanto em vários lugares do País discutiam isso, São Paulo ficou à margem" – Roberto Garibe, chefe de gabinete da Secretaria Municipal de Subprefeituras.

O plano de governo da coligação Muda São Paulo propunha reverter esse quadro na administração municipal com a "implantação de um processo de modernização administrativa e novo modelo de gestão que coloca o cidadão e a cidadã como foco central do trabalho da Prefeitura, por meio de revisão de processos de trabalho interno, alteração do leiaute dos espaços, valorização dos servidores e aplicação intensa de tecnologia de informação".[1]

Com a descentralização, as secretarias iniciaram o repasse de seus serviços para as subprefeituras. Logo, não podia haver melhor hora para se reverem rotinas e dinâmicas de trabalho. Era necessário

PROCESSOS / FLUXOS DE TRABALHO
OBJETIVO: PADRONIZAÇÃO, COM MELHORIAS, NOS PROCESSOS DE TRABALHO DAS SUBPREFEITURAS

MAPEAMENTO	→	REDESENHO
• Identificação e levantamento das situações atuais • Entrevistas com servidores envolvidos nas rotinas de trabalho (em algumas subprefeituras)		• Análise das situações atuais • Identificação das melhores práticas e de oportunidades de melhoria • Reuniões com **EQUIPES DE REFERÊNCIA** (constituídas pelas indicações dos subprefeitos) que, através de sua experiência e vivência no tema e de novas idéias, constroem um novo modelo do processo de trabalho, **PADRONIZADO** nas 31 subprefeituras.

---

[1] Plano de governo da coligação Muda São Paulo.

reestruturação dos fluxos de trabalho

repensar a execução dos serviços prestados ao cidadão, os quais deixavam a ótica centralizada das secretarias para o domínio e gestão das subprefeituras. Além disso, era fundamental criar procedimentos comuns para todas as regiões.

A partir da definição dos serviços e produtos que seriam descentralizados pelas secretarias por meio das comissões bilaterais, começou-se o desenvolvimento, nas secretarias, do mapeamento desses processos que passariam a ser geridos pelas subprefeituras. Uma equipe de consultores acompanhou o percurso de cada processo, desde o início até a conclusão, em cinco subprefeituras-piloto. Em alguns deles ficou evidente a distinção na execução dos mesmos serviços em órgãos diferentes da Prefeitura.

A implementação da modernização dos processos de trabalho na Prefeitura já traz como resultado a ampliação do controle sobre o funcionamento das 31 subprefeituras. Essa modernização dá a elas condições de avaliar a sua estrutura de gestão, permitindo a utilização mais eficiente dos instrumentos de planejamento operacional.

Além disso, oferece valiosos subsídios para a tomada de decisões através dos indicadores de processos, indispensáveis ao aperfeiçoamento das ações e à aferição dos resultados, além de auxiliar os coordenadores e subprefeitos na introdução de novos procedimentos que permitem o aperfeiçoamento dos fluxos de tramitação de documentos e de informação.

EQUIPES DE REFERÊNCIA

Com os processos mapeados, foram criadas quinze equipes de referência, que atuaram como agentes facilitadores na disseminação de conhecimento técnico e administrativo. Seu objetivo principal é propor a revisão, racionalização e padronização de processos de trabalho nas 31 subprefeituras.

Cada equipe foi formada por seis pessoas especializadas no processo mapeado e com capacidade reconhecida pelos gestores das subprefeituras. Eles se reúnem para analisar de forma crítica os processos atuais e elaboram propostas de melhorias visando o atendimento das necessidades dos cidadãos. As equipes também propuseram formas de automatizar os trabalhos realizados pelos envolvidos, com base nas atividades das Coordenadorias e/ou Supervisões previstas na estrutura organizacional das subprefeituras.

Nas reuniões foram revisados todos os processos mapeados e as equipes propuseram o redesenho de cada fluxo, visando otimizar recursos, eliminar redundâncias e passos desnecessários, agilizar procedimentos e dar mais transparência à execução dos serviços prestados pelas subprefeituras. O resultado deste trabalho segue para a validação dos responsáveis pelas áreas, definidos pela Secretaria de Subprefeituras.

A necessidade da revisão dos processos também se deu pela preocupação da administração municipal com a continuidade dos serviços prestados pelas secretarias e que tiveram sua execução passada para as subprefeituras. "Como não podíamos interromper um serviço para organizar sua remontagem nas subprefeituras, fizemos um trabalho de redesenho de processos e fluxos para que as transferências ocorressem sem prejuízos à população. Numa atividade como essa, tudo tem de ser feito com muito cuidado", afirma Antônio Donato, ex-secretário da SMSP.

Núcleos de modernização

Os primeiros processos redesenhados, dada a prioridade dos cidadãos como foco das subprefeituras, foram implantados nas Praças de Atendimento. Para acompanhar esse trabalho, as 31 subprefeituras organizaram núcleos de modernização, responsáveis por identificar, qualificar e aprovar as melhorias dos processos de trabalho vinculados ao atendimento dos munícipes; implantar os processos de trabalho redesenhados nas praças de atendimento; instaurar os demais, realizados fora da Praça mas que dão retaguarda ao atendimento no balcão e os novos processos transferidos das secretarias; discutir propostas e a manutenção da qualidade dos processos de trabalho; além de acompanhar e quantificar os resultados obtidos com sua implantação, em cada área e na subprefeitura como um todo.

A importância dos Núcleos foi debatida pelos comitês gestores das subprefeituras para que toda a equipe se apropriasse do tema. A partir daí, foram designados pelo comitê gestor para o trabalho, representantes do gabinete do subprefeito, da Praça de Atendimento, do setor de Uso e Ocupação do Solo, Obras, Serviços, Informática e Recursos Humanos.

Também foi estruturada uma "equipe de facilitadores" na SMSP para validar melhorias propostas pelos Núcleos de Modernização, normatizar os processos de trabalho redesenhados a serem padronizados nas 31 subprefeituras (elaboração de decretos, portarias e publicação no *Diário Oficial*); propor alterações nos processos redesenhados; ser moderador nas discussões sobre melhoria e manutenção da qualificação dos processos de trabalho; dar subsídios para adequação dos recursos de informática visando a automação e, acima de tudo, acompanhar e garantir a implementação dos serviços nas Praças.

Os quadros da página seguinte mostram os processos que foram mapeados e redesenhados[2] durante os dois últimos anos.

---

[2] Os processos redesenhados foram mapeados várias vezes nas secretarias ou nas subprefeituras antes de sua versão final.

reestruturação dos fluxos de trabalho

PROCESSOS MAPEADOS

SECRETARIAS	
Semab	65
SME	22
Seme	4
SMSP	113
SMT	83
Sehab	7
SMS	33
Siurb	3
SAS	19
TOTAL	349

SUBPREFEITURAS	
Vila Mariana	114
Sé	154
São Miguel Paulista	35
Capela do Socorro	91
Butantã	2
TOTAL	397

reestruturação dos fluxos de trabalho

PROCESSOS REDESENHADOS

	Praças de Atendimento	
Grupo 1	Autos, Alvarás e Certificados	101
Grupo 2	Obras e Serviços	31
Grupo 3	Processo, Consulta, Cadastramento e Protocolo	7
Grupo 4	Licenciamento de atividades em vias públicas	9
Grupo 5	Licenciamento de obras e atividades particulares	5
	Total	153

	Secretarias	
Semab	Artesanato	10
	Banca de flores	7
	Feiras livres	15
	Mercados	10
	PSIU	3
	Sacolão	13
SME	Adiantamento bancário	1
	Liberação de cota orçamentário	1
SMSP	RH	77
SMT	Vai e Volta	8
	Departamento técnico e Planejamento	8
	Total	153

	Subprefeituras	
CAF	Suprimentos	13
	Administração	20
	Finanças	28
	Total	61

reestruturação dos fluxos de trabalho

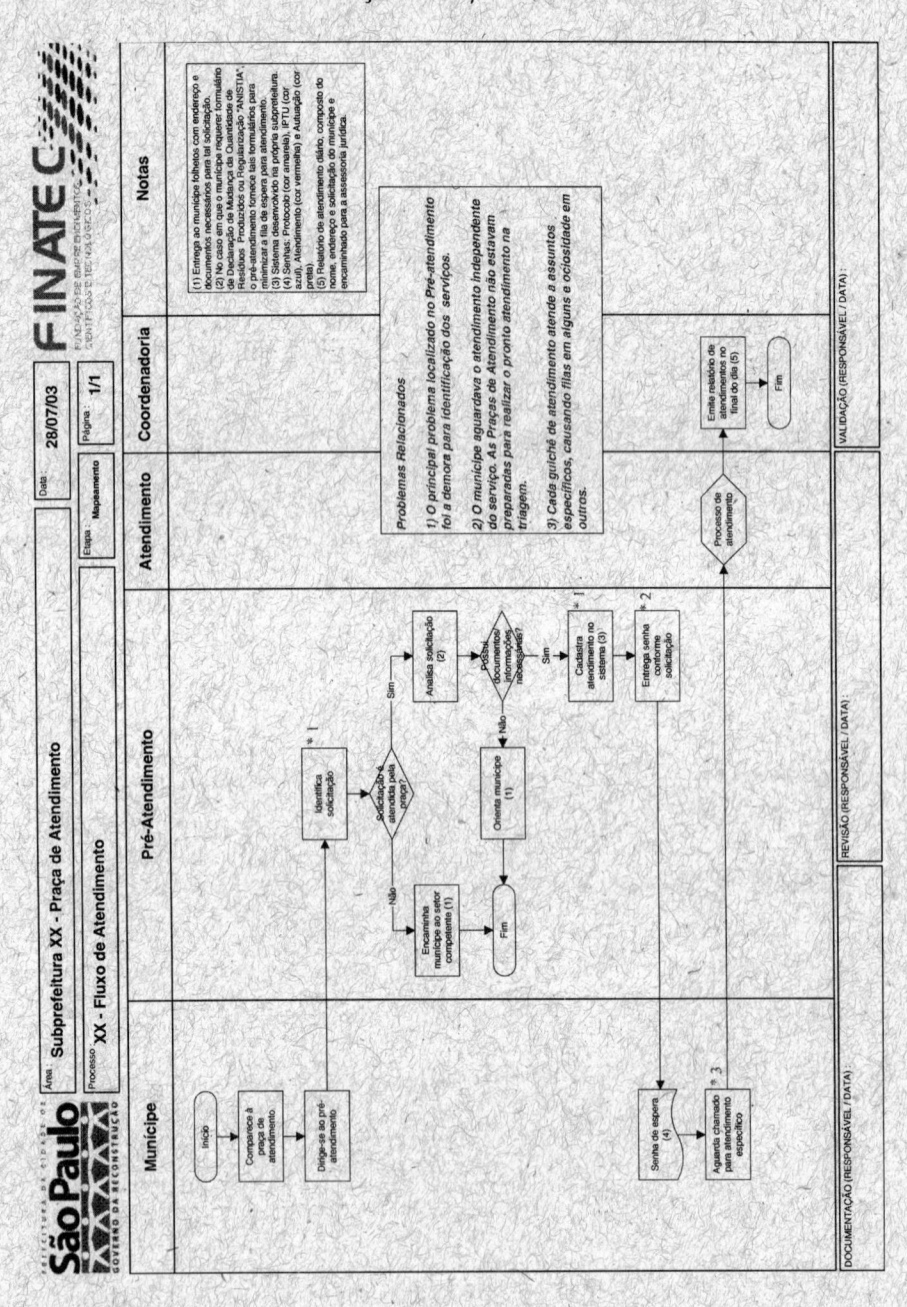

reestruturação dos fluxos de trabalho

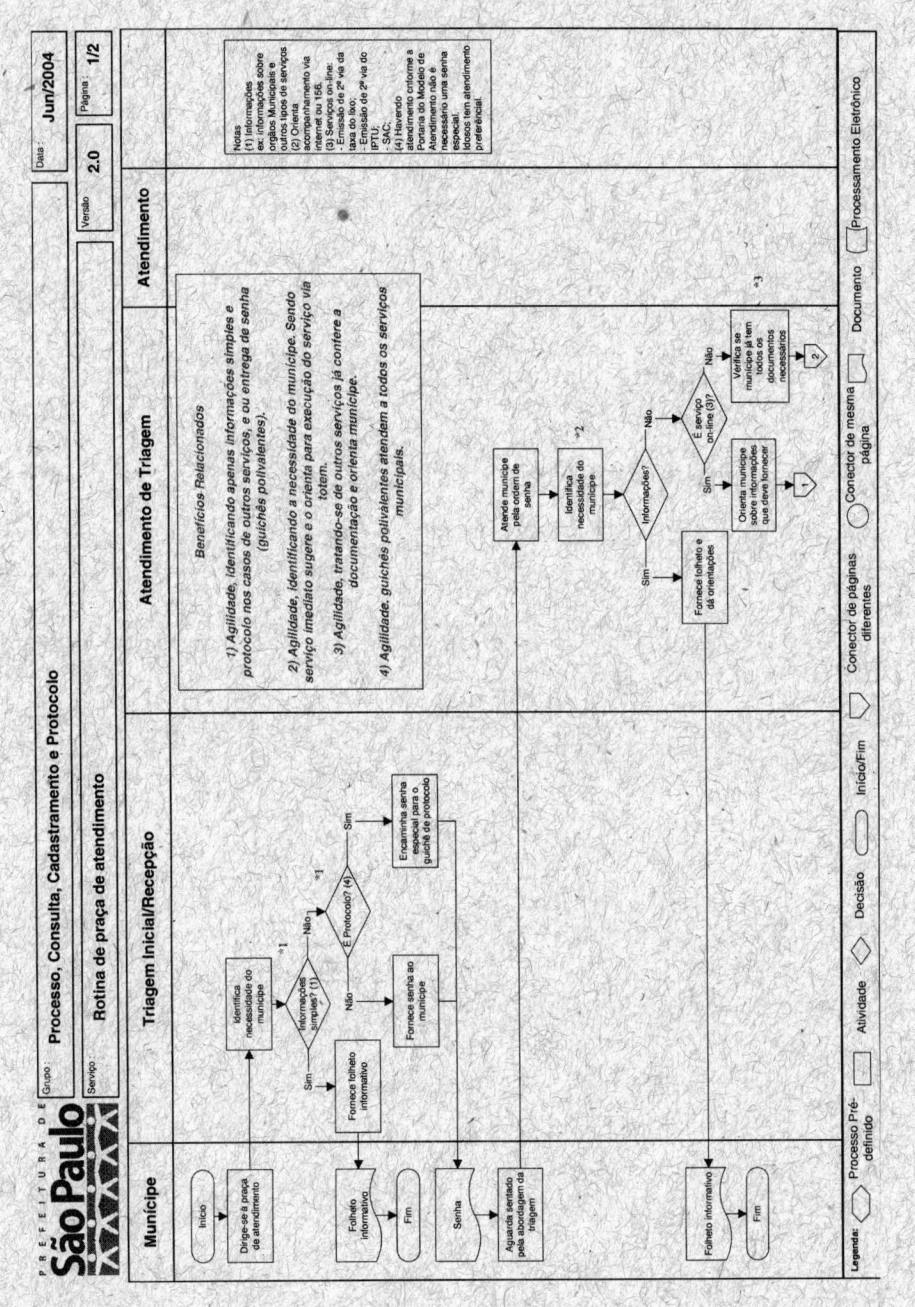

reestruturação dos fluxos de trabalho

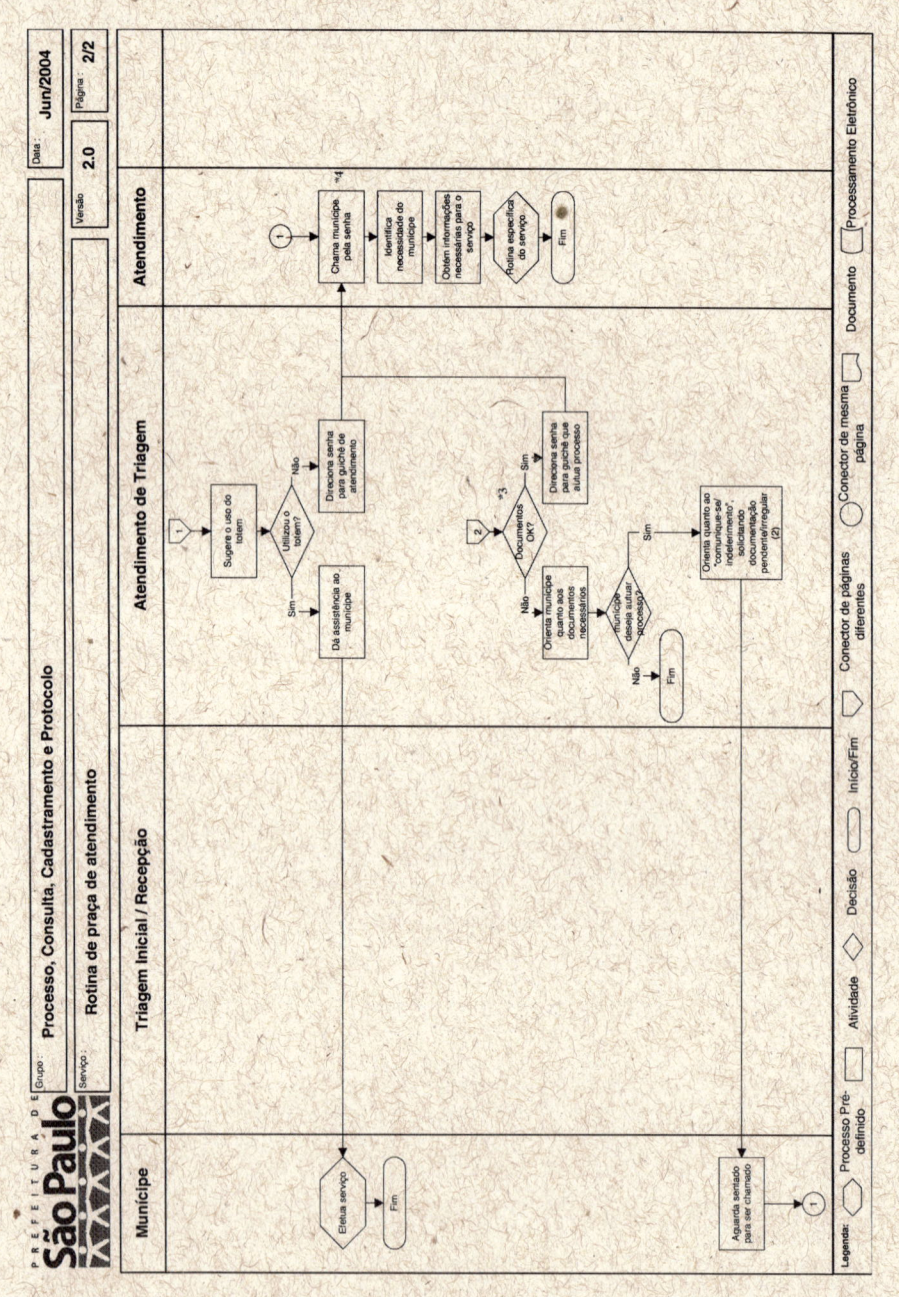

Capítulo 8

Gestão e desenvolvimento de pessoas
▪ ▪ ▪

MAIS QUE IMPORTANTE, o papel do servidor público é essencial para o bom desenvolvimento das políticas públicas em qualquer instância de governo.

Segundo estudos do Banco Nacional de Desenvolvimento Econômico e Social (BNDES), em média, cerca de 25% dos trabalhadores formalmente registrados atuam nessa área, seja na esfera municipal, na estadual ou na federal. Só na cidade de São Paulo, são mais de 170.000 funcionários públicos, entre ativos (132.272) e aposentados (42.867), distribuídos entre as 21 secretarias, Ouvidoria e as 31 subprefeituras.

Para que as subprefeituras trabalhem com a competência desejada, é fundamental investir nos servidores, que precisam estar preparados e atualizados para exercerem bem suas funções. "A descentralização exige que as pessoas deixem de fazer as coisas do jeito que sempre fizeram e passem a agir de outro jeito. Esse é um processo muito difícil, porque os servidores têm receio das mudanças. São Paulo viveu um processo muito forte e público de corrupção e nossos funcionários, nossos quadros técnicos, que são muito bons, têm receio de assumir as coisas, pois pensam que qualquer opinião que dêem ou qualquer papel que assinem pode virar um processo contra eles" – Mônica Valente, secretária de Gestão Pública de São Paulo.

Uma das questões apresentadas, foco da maioria das discussões sobre políticas de pessoal para as subprefeituras, foi a necessidade da

gestão e desenvolvimento de pessoas

mudança de paradigmas. Os servidores que assumiram funções nas subprefeituras precisavam de perfil adequado para desenvolver novas atividades e novas formas de realizar os serviços públicos. Além disso, necessitavam adaptar-se a outra linha de atuação, cujo eixo central é o gerenciamento de ações intersetoriais em uma mesma região. Isso significa que áreas como saúde, educação, habitação etc., que por muito tempo operaram apenas dentro de suas especialidades, têm de encontrar formas de interagir no território das subprefeituras.

Carlos Zarattini, secretário de Subprefeituras, comenta que "nesse processo de descentralização de funcionários, transferindo-os para as subprefeituras, é muito importante que os servidores que estão indo para as pontas entendam que deixam a secretaria e assumem um novo papel, pois estão agora na linha de frente, mais perto dos cidadãos e terão de trabalhar interagindo com todas as áreas que atuam dentro do território administrado pela subprefeitura".

Embora tenha havido inúmeras explicações a respeito da mudança de pessoal, a transferência de servidores dos órgãos centrais para as subprefeituras não foi um processo fácil. Convencer o servidor de que o trabalho executado na ponta não é menos nobre do que o executado na secretaria também foi uma tarefa árdua. "Há uma compreensão meio geral de que quem trabalha nas secretarias é mais qualificado do que quem trabalha na ponta. As subprefeituras não são meras executoras, elas também têm de discutir, planejar, resolver problemas reais da região. Alguns ainda têm medo de perder seus guetos, continuam vendo poder nas secretarias, mas precisam entender que o poder está indo para as subprefeituras e, quando perceberem isso, muitos vão tentar correr atrás do prejuízo por não terem ido antes", avisa Maria Altina Pereira Teixeira, assessora da Secretaria de Gestão Pública.

O quadro da página seguinte mostra a variação de servidores das secretarias e subprefeituras no último ano:[1]

---

[1] Dados da Secretaria de Gestão Pública de São Paulo.

gestão e desenvolvimento de pessoas

Servidores ativos	Março de 2003	Março de 2004	Variação % (03-04)
Subprefeituras	–	96.257	–
Educação	68.369	1.396	– 97,96
SMSP	10.515	2.832	– 73,07
Saúde	19.150	5.328	– 72,18
Esportes	1.644	511	– 68,92
Abastecimento	876	568	– 35,16
Cultura	2.516	1.641	– 34,78
Governo	767	679	– 11,47
Gestão Pública	854	760	– 11,01
Assistência Social	1.764	1.605	– 9,01
Autarquias da Saúde	8.764	8.135	– 7,18
Planejamento	200	188	– 6,00
Comunicação	200	188	– 6,00
Transportes	299	284	– 5,02
Infra-Estrutura	442	421	– 4,75
Meio Ambiente	917	898	– 2,07
Negócios Jurídicos	1.285	1.283	– 0,16
Habitação	747	747	0,00
Serviços e Obras	781	805	3,07
Finanças	1.485	1.542	3,84
Trabalho	58	63	8,62
Segurança Urbana	5.218	6.089	16,69
Ouvidoria	22	28	27,27
Relações Internacionais	16	24	50
Total	126.889	132.272	

CAPACITAÇÃO

Para avançar no processo de consolidação das subprefeituras, a qualificação e a motivação dos servidores para a nova forma de atividade é indispensável. Em março de 2003, foi criado um grupo de trabalho composto pelas Secretarias de Subprefeituras e Gestão Pública com intuito de desenvolver uma proposta de formação para os diferentes níveis hierárquicos das subprefeituras: subprefeitos, coordenadores, supervisores e servidores públicos em geral. Sua atribuição era monitorar a migração de pessoas, a partir de definições das comissões bilaterais e de movimentações solicitadas, desenvolvendo as qualidades necessárias; fortalecer a supervisão de Gestão de Pessoas nas subprefeituras, tornando-as facilitadoras do processo de descentralização, além de redesenhar mais de setenta fluxos de RH, como folha de pagamento, aposentadoria, décimo terceiro salário, férias etc.

Foram realizados vários cursos para que as subprefeituras pudessem assumir suas novas funções. As secretarias de Subprefeituras e Gestão Pública capacitavam os trabalhadores para as mais variadas atividades e funções. "Nós demos muitos cursos de capacitação, tínhamos desde o início clareza que isso era fundamental para consolidar as subprefeituras, mas é importante reconhecer que os servidores passaram a demandar treinamento. O sucesso desses cursos só aconteceu porque houve disposição dos servidores para aprender" – Ana Paula Roque, supervisora geral de Recursos Humanos da SMSP.

Uma das categorias que mais precisava de capacitação era a dos agentes vistores. "Juntamos os 750 (680 da SMSP e 70 da Semab) porque achávamos importante colocar todos os servidores no mesmo padrão de conhecimento. Todos receberam um CD-ROM com a legislação e um manual técnico. A nossa idéia é fazer uma capacitação continuada. Sempre que houver alterações, eles receberão novas informações", explica Diana Teresa Di Giuseppe, supervisora de Uso e Ocupação do Solo da SMSP.[2]

O quadro a seguir mostra a variedade de cursos organizados pela SMSP nos anos de 2003 e 2004 e o número de servidores capacitados para a nova realidade da cidade, no mesmo período:[3]

---

[2] Entrevista publicada no *Boletim da Descentralização*. Publicação eletrônica da SMSP, de 4 de novembro de 2003.

[3] É importante ressaltar que esses dados são apenas uma mostra do que foi realizado nesta área, mas estão longe de representar a totalidade de treinamento dos servidores. As subprefeituras têm recursos e autonomia para definir capacitações específicas e, assim, organizarem diretamente outros cursos para os seus funcionários.

gestão e desenvolvimento de pessoas

ATIVIDADE	PERÍODO	NÚMERO DE PESSOAS CAPACITADAS
Capacitação dos subprefeitos	maio/2003	31
Capacitação dos Agentes Vistores da SMSP e Semab.	junho/2003	750
Capacitação dos coordenadores de Administração e Finanças, Saúde, Educação, Planejamento e Desenvolvimento Urbano, Ação Social e Desenvolvimento, Projetos e Obras Novas, Manutenção e Infra-Estrutura.	junho/2003	217
Capacitação para a Coordenadoria de Administração e Finanças referente aos eventos transferidos das Secretarias da Saúde, Educação, Cultura, Esporte e Lazer.	junho/2003	31
Fiscalizar a cidade de São Paulo: métodos e procedimentos, para agentes vistores.	junho 2003	650
Treinamento de integração dos auxiliares técnicos administrativos.	julho/2003	27
Regularização de edificações.	agosto/2003	179
Capacitação do sistema cubo-folha para a área de Recursos Humanos das 31 subprefeituras.	agosto/2003	62
Portal-gestão para atendentes e gerentes de praça.	setembro/2003	49
Segundo módulo para capacitação de agentes vistores.	setembro/2003	547
Capacitação em Tecnologia da Informação para os gerentes das Praças de Atendimento, supervisor de suprimentos, supervisor de Gestão Pessoal, coordenador de Administração e Finanças, Planejamento e Desenvolvimento Urbano, assessor de Informática.	setembro a dezembro/2003	217
SAC Gestão para atendentes e gerentes de praça.	setembro/2003	219
Protocolo de recebimento dos comunicados 06 e 07 para servidores administrativos.	setembro/2003	100
Coordenação de implantação das Praças de Atendimento.	setembro/2003	23
I Encontro dos Coordenadores de Planejamento e de Desenvolvimento.	outubro/2003	34
Segundo módulo de capacitação do cubo-folha para coordenadores de Administração e Finanças.	outubro/2003	31
Encontro com os coordenadores – Educação e Finanças.	outubro/2003	66

continua

gestão e desenvolvimento de pessoas

ATIVIDADE	PERÍODO	NÚMERO DE PESSOAS CAPACITADAS
Excelência no atendimento ao cidadão para atendentes e gerentes de praça.	novembro/2003	241
TLP – Apresentação dos trabalhos realizados para surpervisores de RH.	dezembro/2003	34
Atendimento técnico nas Praças – Procedimento e Fluxos da Coordenadoria de Planejamento e Desenvolvimento Urbano.	dezembro/2003	23
Orçamento (2004) – Descentralização para coordenadores de CAF.	janeiro/2004	64
Capacitação Portal de Gestão RH/Desenvolvimento.	janeiro/2004	99
Gestão Energética, capacitação para os coordenadores de Administração e Finanças, Saúde, Projetos e Obras, supervisores de Gestão de Pessoas, assessores.	fevereiro/2004	205
Descentralização de Sehab/Aprov para engenheiros e arquitetos.	fevereiro/2004	70
Gestão Local nos Territórios da Cidade para coordenadores.	março-julho/2004	217
Sehab – Case/Cadan para engenheiros e arquitetos.	março-abril/2004	159
Regularização de crédito e débito de servidores para engenheiros e arquitetos.	abril/2004	23
Descentralização de Sehab-Parsolo para engenheiros e arquitetos.	abril/2004	105
Treinamento para operacionalização do sistema de análise do Cadam para engenheiros e arquitetos.	abril/2004	67
Treinamento de atividades de Semab – Planificação de feiras livres e acesso ao cadastro de feiras livres para servidores da área.	junho/2004	47
Eventos descentralizados de Sehab-Resolo para engenheiros e arquitetos.	junho/2004	75
Acessibilidade para servidores interessados.	julho/2004	120
Capacitação Guia dos Serviços para atendentes e gerentes de praça.	julho/2004	100

gestão e desenvolvimento de pessoas

Uma das ações que mais se destacou foi a capacitação dos coordenadores ocorrida de março a julho de 2004.

Para elaborar essa capacitação, foi formado um grupo composto por diversos órgãos do governo municipal e entidades parceiras.[4] Esse grupo organizou o Ciclo de Atividades com as Subprefeituras: Gestão Local nos Territórios da Cidade.[5] O intuito era agregar competências no âmbito das coordenações das 31 subprefeituras e na gestão integrada e participativa de políticas públicas locais, construindo uma agenda local de compromissos, projetos e resultados compartilhados entre as coordenações e os organismos de representação da sociedade local, especialmente os conselhos instituídos com as subprefeituras.

O objetivo específico do Ciclo, que durou mais de quatro meses, foi capacitar os coordenadores a conhecerem e operarem os recursos básicos do planejamento estratégico situacional e variações, com ênfase na definição de cenários futuros; consolidar processos e instrumentos de gestão, integrando-os na perspectiva da demanda do território com base nas necessidades setoriais (determinações do OP, estudos de marca de governo e projeto estruturante, Plano Diretor Regional, Agenda do Comitê de Gestão, Plano de Governo e Plano Diretor da Cidade); formalizar uma agenda integrada de projetos prioritários e resultados pactuados entre os agentes públicos e representação da população (conselhos) para incremento na qualidade de vida da localidade; elaborar um plano local de incremento na

---

[4] Gabinete e Supervisão Geral de Recursos Humanos da Secretaria Municipal das Subprefeituras; Secretaria Municipal de Gestão Pública; Gabinete da Secretaria Municipal de Saúde; Centro de Estudos de Cultura Contemporânea – Cedec; Centro de Estudos da Metrópole – CEM/Cebrap; Instituto Polis; Centro de Estudos, Pesquisa e Documentação Cidades Saudáveis – Cepedoc/FSP/USP; Instituto Latino-Americano de Desenvolvimento Econômico e Social – Ildes/FES e Fundação de Empreendimentos Científicos Tecnológicos – Finatec/UnB.

[5] As oficinas realizadas durante o Ciclo geraram o livro, organizado por Roberto Garibe & Paulo Capucci. *Ciclo de Atividades com as Subprefeituras: Gestão Local nos Territórios da Cidade*. São Paulo: Mídia Alternativa, 2004.

qualidade de vida da população local, que se expresse na agenda de projetos e na pauta do Comitê de Gestão das Subprefeituras; estabelecer indicadores pactuados para o desenvolvimento da agenda integrada e do plano citado; estabelecer e usar bases de dados e informações segundo parâmetros de produção de serviços e impacto na qualidade de vida locais; consolidar e preparar os Comitê de Gestão das Subprefeituras como espaço de avaliação e desenvolvimento da agenda integrada; elaborar uma proposta de Painel de Monitoramento dos Indicadores da agenda, de produção e qualidade percebida de serviços locais, a ser compartilhado em rede pelos gestores e população.

A gestão de pessoas no processo de descentralização pretende romper com a tradição do modelo burocrático de pouca valorização do servidor, mediante uma política permanente e continuada de capacitação, da qualificação de todos os níveis hierárquicos e do acompanhamento permanente da movimentação de pessoas para as subprefeituras. O sucesso desse processo depende, mais do que da transferência de equipamentos e serviços, do envolvimento dos servidores e de sua compreensão da nova forma de gerir a cidade de São Paulo.

Capítulo 9

Praças de Atendimento
◼ ◼ ◼

UMA DAS GRANDES E MAIS SENSÍVEIS MUDANÇAS oferecidas aos cidadãos de São Paulo com o processo de descentralização deu-se no atendimento ao público, pois se transformou o modo de receber e atender o cidadão. As praças de atendimento foram criadas para funcionar como a porta de entrada da Prefeitura em cada uma das subprefeituras, e é sobre elas que se discorre neste capítulo.

O conceito de que é preciso garantir um bom e desburocratizado aten-dimento ao cidadão não é novo. As primeiras medidas destinadas a aperfeiçoar o funcionamento da administração pública com o propósito expresso de melhorar a qualidade do atendimento foram adotadas já na Reforma Administrativa de 1967. Essa discussão ganha força no início da década de 1980, com Hélio Beltrão na função de ministro extraordinário para Desburocratização. Beltrão conseguiu ado-tar medidas simplificadoras das relações dos usuários com a máquina administrativa, como o Estatuto da Microempresa e os Juizados de Pequenas Causas (mais tarde, transformados nos Juizados Especiais).[1]

No final dos anos 80, o Programa Nacional de Desburocratização perdeu ênfase e somente no início da nova década outras medidas

---

[1] Mais informações sobre o processo de modernização da década de 80 podem ser obtidas no livro *Descentralização & Liberdade*, de Hélio Beltrão. 3ª ed. Brasília: EdUNB, 2002.

praças de atendimento

chegaram a ser adotadas, agora sob controle do Programa Federal de Desregulamentação. Entre elas, a simplificação dos procedimentos de embarque e desembarque nos aeroportos, o aperfeiçoamento da emissão de passaportes e a revogação de mais de cem mil decretos superados e desnecessários. No ano 2000, o Programa foi recriado, dedicando-se prioritariamente a disseminar os conceitos de desburocratização entre os servidores públicos e iniciando a realização de diagnósticos sobre o atendimento ao público.

Experiências desenvolvidas no mundo todo demonstram ser necessário grande esforço para consolidar regras que eliminem contradições, duplicações e ausências de respostas à população. As normas e regulamentos devem ser mais compreensíveis para os diversos grupos sociais e promover, de forma mais consistente, sua aplicação.

Alguns exemplos podem mostrar que esforços vêm sendo feitos para reduzir os limites da burocracia sobre os cidadãos, para tornar mais ágeis procedimentos e melhorar o acesso aos serviços. As iniciativas incluem campanhas baseadas em sugestões internas, o estabelecimento de modos que simplifiquem os trâmites e várias ações voltadas a reduzirem o volume de documentos de controle e os diversos tipos de requerimentos, eliminando passos desnecessários.

Apesar das iniciativas para modernizar a prestação de serviços desenvolvidas no Brasil, o avanço ainda não é algo significativo para o cidadão. Salvo raras exceções, o modelo tradicional de atendimento ao público é marcado pela fragmentação e pela falta de conexão ágil e racional entre os diversos setores. Os vícios burocráticos e comportamentais foram se acumulando ao longo dos anos, transformando cada setor da máquina pública algo com início e fim em si mesmo. Dessa forma, os serviços oferecidos não se apresentam em geral como soluções aos problemas das pessoas e, sim, como soluções administrativas internas.

Freqüentemente, para conseguir um único documento, o usuário dos serviço público é obrigado a percorrer vários guichês, em anda-

praças de atendimento

res ou prédios diferentes. Sem contar que, depois de fazer a peregrinação pela prefeitura, o cidadão provavelmente não resolverá a questão no mesmo dia, tendo de voltar outras vezes para ver sua solicitação atendida.

Para tentar reverter esse quadro, a Prefeitura de São Paulo resolveu mudar o conceito de atendimento ao cidadão. A proximidade com o cidadão impõe mudanças. Buscava-se rever todo o processo e toda a lógica desse modelo de organização, em que predominavam atendimentos demorados, ruins e em espaços inadequados.

As 28 administrações regionais possuíam em suas estruturas Núcleos de Atendimento à População (NAPs), que não passavam de unidades de encaminhamento, uma vez que apenas replicavam informação, tinham baixa capacidade de ordenação das ações e ausência de padronização e de prazos para solução das solicitações.

O modelo adotado pela Prefeitura de São Paulo baseou-se na experiência bem-sucedida da Prefeitura de Santo André. A cidade iniciou seu projeto de modernização administrativa em 1997 com a reavaliação dos processos de trabalho, incorporando indicadores para medição da qualidade do atendimento, focando a estratégia em dois pilares: a transparência de governo e a facilidade de interação com a população.

Foi ali que surgiu o conceito "Praça de Atendimento", em que o cidadão obtém informações, solicita serviços, entrega e recebe documentos. Em vez de percorrer os corredores da prefeitura em busca de respostas às suas questões, aproxima-se, assim, o governo do cidadão.

Oferecer um serviço público ágil, eficiente, seguro, moderno e atento às necessidades dos paulistanos foi o grande desafio do projeto Praças de Atendimento implantado nas 31 subprefeituras. Com o desenvolvimento de iniciativas arrojadas, as Praças de Atendimento inauguram uma nova era no atendimento à população, rompendo com a "tradição burocrática" que engessava a vida do cidadão. Para tanto, foi desenvolvida uma verdadeira transformação nos processos

praças de atendimento

de trabalho e na própria concepção de atendimento ao público. Com as subprefeituras, nasceu a idéia que transformou a prestação dos serviços públicos. Foram criadas, nas sedes locais, as Praças de Atendimento com instalações modernas e ambiente agradável. Por intermédio delas, o cidadão tem acesso a vários órgãos do Governo num só local, proporcionando maior agilidade e eficiência.

O trabalho de implantação das praças de atendimento foi dividido em cinco módulos. O primeiro foi de concepção do modelo geral de atendimento ao cidadão no município de São Paulo, com a definição de diretrizes. Nele foram trabalhados os seguintes aspectos: composição do porta-fólio de produtos/serviços; avaliação dos canais de atendimento (por telefone/156, internet, balcões etc.); análise das possibilidades de integração de sistemas e dos requisitos tecnológicos para o atendimento; arquitetura funcional das praças; concepção modular da implantação e planejamento da implementação das praças.

No segundo módulo foram feitos: mapeamento, redesenho e padronização dos processos de trabalho; identificação das rotinas de atendimento; análise e adequação ao novo modelo de atendimento; racionalização e desburocratização dos processos de trabalho vinculados ao atendimento; análise das necessidades de informações e sistemas, além dos requisitos tecnológicos para o atendimento; criação do manual do atendente, com rotinas e procedimentos e padronização dos processos de atendimento.

No terceiro módulo, destinado ao desenvolvimento de Pessoas e Gestão do Conhecimento, foi feita a composição de perfis para os atendentes; sua análise e seleção; treinamento em atendimento ao público; treinamento técnico nos produtos/serviços; qualificação como agentes da cidadania; programa de valorização, com o pagamento de benefícios salariais e programa continuado de requalificação.

O quarto módulo trabalhou com a qualificação do ambiente físico (infra-estrutura e equipamentos). Foram feitas a identificação e adequação do espaço para as praças; definição de leiaute operacional;

praças de atendimento

programação visual da praça; dimensionamento de mobiliário, de utensílios de trabalho e da necessidade de equipamentos (computadores e periféricos); instalações estruturais (elétrica, climatização, sanitárias); programação da necessidade de recursos físicos.

Por fim, no quinto módulo se previu a gestão por resultados por meio da elaboração de indicadores, com o monitoramento dos cronogramas de implantação, geral e específicos das praças de atendimento; sistema de informações gerenciais baseado em indicadores de atendimento; desenvolvimento de pesquisa de avaliação dos produtos/serviços e de satisfação do cidadão; desenvolvimento dos responsáveis em gestão por resultados.

No decorrer do processo, o projeto foi ganhando força e se ajustando à nova realidade da gestão do território. As Praças, fundamentadas num contexto moderno de atendimento público, foram concebidas para prestar aos munícipes orientações sobre diversos assuntos relacionados à subprefeitura e ao governo municipal, além de registrar ocorrências e encaminhá-las aos setores competentes. Na mesma lógica que orientou a criação das subprefeituras, as Praças de Atendi-mento devem não só prestar serviços públicos de qualidade e de forma eficiente, mas também construir mecanismos que aproximem a administração e a sociedade. Esses espaços são a ponta de um processo de reformulação do funcionamento interno das subprefeituras.

Para Fernando Valentin, coordenador das Praças de Atendimento da SMSP, as praças não são apenas mais um departamento das subprefeituras, mas um local de excelência, onde "o munícipe deve ser tratado com respeito, atenção e cordialidade, como se estivesse na sala de visitas da Prefeitura".

Com a consolidação desses espaços, o atendimento fica todo concentrado nos guichês da Praça, o que além de oferecer mais praticidade ao cidadão, ajuda a desestimular casos de corrupção. "Antes, o cidadão acabava tendo de circular por vários setores, lidando com servidores diversos. Essa peregrinação cansava e estimulava práticas

praças de atendimento

ilícitas para que as questões fossem «facilitadas». A Praça torna o atendimento mais profissional", explica Valentin.

Simultaneamente à implementação das Praças de Atendimento, ocorreram trabalhos de consolidação do atendimento ao cidadão nas subprefeituras:

1. Em 2003, foram revisados os processos de trabalho existentes para simplificar, desburocratizar, melhorar a qualidade, a eficiência e a agilidade na prestação dos serviços públicos municipais.

2. Em dezembro do mesmo ano, a Secretaria Municipal de Subprefeituras publicou o *Guia de Serviços das Praças de Atendimento*, com informações sobre 162 serviços prestados. Além da versão impressa, o guia também foi disponibilizado na internet e nos terminais de auto-atendimento instalados em vários locais da cidade.

3. Durante o ano de 2004, os Núcleos de Modernização foram criados para a implantação dos processos redesenhados nas Praças.

4. Além do Guia, a SMSP também divulgou o *Modelo de Atendimento* para estabelecer toda a base de atendimento das praças, definindo os horários de funcionamento, o perfil das equipes envolvidas, a descrição dos serviços e dos sistemas computacionais. Esse procedimento foi fundamental para garantir a eficácia e manter o nível de qualidade.

O processo de instalação das Praças de Atendimento foi acompanhado por uma equipe formada por técnicos da SMSP. O foco do trabalho era, desde o início, o atendimento pleno às demandas dos cidadãos e garantir serviços mais rápidos, acolher as solicitações dos cidadãos, responder e prestar informações realizadas por meio do São Paulo Atende 156 e dar entrada às demandas do Serviço de Atendimento ao Cidadão (SAC).

Antônio Donato, ex-secretário municipal de Subprefeituras, conclui que "as praças de atendimento são mais do que a porta de entrada da Prefeitura nas regiões, elas são o coração do processo de descentralização. Através delas a população pode perceber que as coisas

praças de atendimento

estão diferentes, que o trabalho da administração municipal está melhor e que as subprefeituras são de fato o poder público mais próximo de seus problemas. São espaços qualificados, com funcionários treinados e rede interligada, para oferecer uma informação mais precisa para os cidadãos".

IDENTIFICAÇÃO VISUAL DAS PRAÇAS

Capítulo 10

Gestão orientada por indicadores de desempenho[1]

■ ■ ■

As EXPERIÊNCIAS de modernização organizacional e administrativa, sejam no setor público ou na iniciativa privada, cada vez mais têm orientado ações a partir de um sistema de informações como ferramenta indispensável para a gestão eficaz dos recursos. A aplicação de indicadores contribui para aumentar a eficiência e a eficácia da gestão, uma vez que disponibiliza informações qualificadas para suas decisões.

Desde a década de 20, as grandes organizações[2] perceberam que a única possibilidade de gerenciar unidades descentralizadas seria por meio da adoção de sistemas gerenciais e de controle idênticos em todas as estruturas, como forma de qualificar a gestão no conjunto e comparar resultados entre as áreas. O setor público corrobora ainda mais a necessidade de informações no processo gerencial, uma vez que em cada estrutura organizacional estão definidos determinados níveis de responsabilidade que caracterizam a delegação de poder. O gerenciamento efetivo será mais eficaz quanto mais unifor-

---

[1] Este capítulo é baseado no texto da Finatec, "Considerações sobre Sistemas de Indicadores de Desempenho: base para gestão do território". In: Roberto Garibe & Paulo Capucci (orgs.). *Ciclo de atividades com as subprefeituras: gestão local nos territórios da cidade*. São Paulo: Mídia Alternativa, 2004, p. 103.

[2] Alfred P. Sloan. *Meus anos com a General Motors*. Tradução de Nivaldo Montingelli. São Paulo: Negócio Editora, 2001, 408 pp.

gestão orientada por indicadores de desempenho

mes forem os sistemas de informações e o controle de suas estruturas organizacionais. Nesse sentido, havendo a implementação de sistemas de indicadores como ferramenta de monitoramento de desempenho, de maneira mais ágil ocorrerá a adoção das medidas corretivas adequadas para a eliminação das distorções, e mais apropriada será a aplicação dos recursos organizacionais.

Pode-se concluir que a informação deve sempre estar disponível ao gestor que, com isso, qualificará sua decisão. Ou melhor, em função do ambiente externo e organizacional, a agilidade da decisão será condicionada à disponibilidade da informação certa para cada situação e momento.

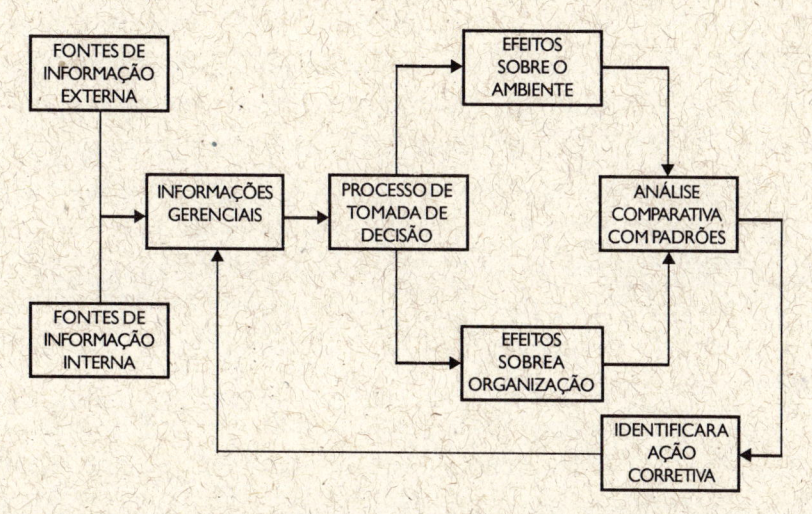

```
[FONTES DE INFORMAÇÃO EXTERNA]                    [EFEITOS SOBRE O AMBIENTE]
         |                                                |
         v                                                |
   [INFORMAÇÕES GERENCIAIS] -> [PROCESSO DE TOMADA DE DECISÃO] -> [ANÁLISE COMPARATIVA COM PADRÕES]
         ^                                                |
         |                                                v
[FONTES DE INFORMAÇÃO INTERNA]                    [EFEITOS SOBRE A ORGANIZAÇÃO]
                                                          |
                                                          v
                                                 [IDENTIFICAR AÇÃO CORRETIVA]
```

A figura acima expressa como a informação é vital para que o processo decisório, particularmente quando ocorre de forma descentralizada, tenha níveis cada vez mais elevados de confiabilidade, adequação à realidade e segurança para o gestor. Mais ainda, a organização da informação voltada para a gestão contribui e estimula a maior transparência da ação pública e tem como uma das principais contrapartidas a ampliação da responsabilização gerencial. Esse processo se alimenta mutuamente constituindo, ainda que de maneira informal, contratos de gestão entre sociedade civil e as organizações públicas, qualificando o processo de cobrança e a capacidade de articulação e planejamento das respostas dos governos para responder a elas.

Conceitos preliminares

O termo amplamente utilizado chamado de "dado" deve ser definido como um elemento que serve de base para a resolução de problemas ou para a formação de juízo. Um dado é uma manifestação objetiva passível de análise para ser qualificado como informação. Muitas vezes os dados existem e são acessíveis, mas no processo gerencial não são analisados com o rigor que se exige. Quando os dados são classificados, armazenados e relacionados entre si, então se constitui a geração de informação. Assim como os dados não constituem informação, esta, isoladamente, não é significativa para a tomada de decisão. A informação também exige processamento – classificação, armazenamento e relação com outras informações – para que possa adquirir significado. Serve para subsidiar a análise que embasa o planejamento das soluções sobre os problemas identificados.

Assim, indicadores de desempenho (informação orientada para a gestão) são entendidos como a forma de representação quantificável da qualidade, produtividade, eficiência, eficácia e efetividade da ação pública. É o próprio processamento da informação, visando a qualificar a tomada de decisão.

O indicador deve ser um *dado+informação+análise* capaz de ser controlado e gerenciado pela organização. Essa é a prioridade: definir e construir indicadores que ajudem a medir o desempenho geral e específico da organização. Se vale a máxima que gerenciar exige a definição de metas, é razoável que os indicadores sejam analisados comparando os resultados atingidos entre o tempo inicial e o prazo estabelecido, considerando-se os objetivos fixados.

gestão orientada por indicadores de desempenho

Modelo de Gestão e
Sistema de Indicadores de Desempenho

Há diversos argumentos com pertinência organizacional que evidenciam a necessidade de implementar os indicadores para melhorar os resultados do trabalho e como forma de qualificar o gerenciamento focado em objetivos.[3]

1. Argumentos de ordem ética, social e democrática

O gestor público tem a missão básica de criar as condições para a melhoria da qualidade de vida dos cidadãos, otimizando os recursos disponíveis. Afastar a ineficiência, que se expressa no trabalho repetido e no excesso de atividades que não agregam valor, entre outros, deve ser meta permanente para otimizar o gerenciamento das organizações em geral. Além disso, o que é público é universal e diz respeito a toda sociedade; a transparência gerencial está diretamente relacionada com a responsabilidade do gestor diante desta sociedade. Esta pode ser expressa através de modelos de gestão à vista que permitem livre acesso aos indicadores de desempenho para que a cidadania seja informada e possa cobrar melhoria e eficácia nas ações do poder público.

2. Argumentos de ordem gerencial

O gestor tem a responsabilidade maior de concretizar o planejamento estratégico e demais ações que definem a organização à luz das necessidades da cidadania. O compromisso com uma gestão eficaz, e que se traduza efetivamente em resultados, deve ser a regra fundamental a guiar as ações organizacionais.

---

[3] Não mencionamos aqui o argumento de ordem legal que, com a criação da Lei de Responsabilidade Fiscal, ao exigir das organizações públicas maior racionalidade e transparência, podem ter nos indicadores instrumentos para ampliar a confiabilidade e segurança no cumprimento da legislação.

gestão orientada por indicadores de desempenho

A correta utilização dos indicadores permite ao gestor avaliar adequadamente a realidade, proporcionando informações que permitam corrigir o rumo de alguma ação e melhorar a prestação de serviços aos cidadãos. A utilização de indicadores de desempenho torna o controle dos resultados um tema palpitante no processo coletivo e participativo de gestão, pois pode gerar comprometimento na busca contínua de melhorias.

Concepção do sistema de indicadores para a gestão das subprefeituras

Para que o sistema de indicadores tenha coerência interna e possa refletir os resultados da gestão de uma organização, ele deve estar relacionado com as ações e projetos considerados prioridades de governo, além de se levar em conta o tempo necessário para sua execução. Em tese, a meta de qualquer organização pública deve ser aumentar a geração de valor público para a cidadania. O resultado sempre será o de buscar a ampliação e, em alguns casos já mais avançados, a manutenção qualificada dos níveis de satisfação dos cidadãos.

Com a conclusão do planejamento das subprefeituras, o passo seguinte do modelo de gestão foi um longo processo de discussão interna à SMSP para definição de um sistema de indicadores que auxiliasse a gestão do território. Esse sistema foi trabalhado a partir de dois vetores básicos: *a*) os relacionados com a avaliação e o monitoramento de serviços e atividades centrais de cada uma das sete coordenadorias; e *b*) os relacionados aos projetos e eixos estratégicos. A resultante dessa arquitetura foi a estruturação de um sistema de informações gerenciais que permite a análise e a avaliação do território, no âmbito de competência de cada subprefeitura, e qualifica a alocação dos recursos, ao incidir diretamente sobre o cotidiano organizacional.

gestão orientada por indicadores de desempenho

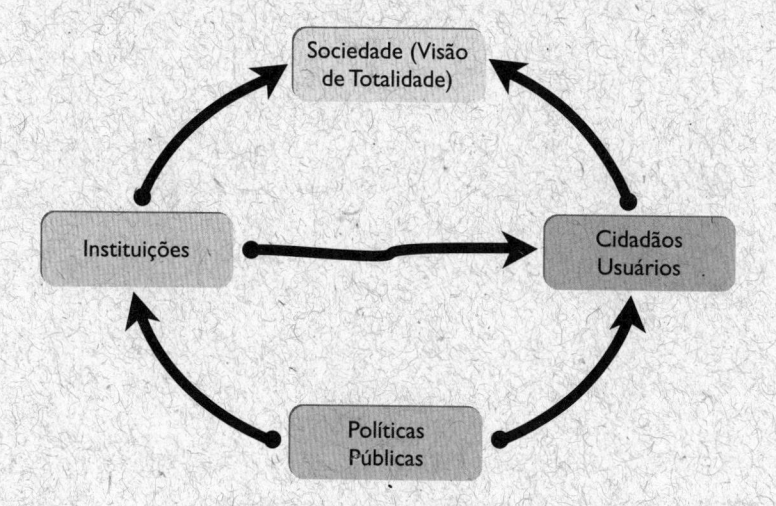

```
        Sociedade (Visão
         de Totalidade)
       ↗              ↖
Instituições  →  Cidadãos
                  Usuários
       ↖              ↗
          Políticas
          Públicas
```

Considerando o raciocínio apresentado, o roteiro básico para a estruturação do sistema de indicadores das subprefeituras foi que:

a) em algumas áreas fins como Saúde e Educação e áreas meio como Finanças e Suprimentos, já há uma cultura de uso de informações no processo decisório. Nesses casos, foram selecionados alguns indicadores que já existem e passarão a ser coletados, analisados e utilizados de maneira descentralizada. Por isso, são esses os primeiros a serem apresentados no roteiro que segue;

b) em outras áreas, como o planejamento urbano foram considerados parâmetros iniciais ou como nos eixos estratégicos Belezura e Sem Barreira, a opção recaiu em selecionar indicadores de produção para iniciar a implementação da cultura gerencial baseada em indicadores de desempenho;

c) no restante das Coordenadorias e Projetos, houve uma discussão com a Secretaria Municipal das Subprefeituras que resultou numa seleção de indicadores avaliados como importantes de serem medidos e analisados no atual estágio da descentralização.

É importante frisar que a apresentação do sistema inicial de indicadores de desempenho optou por uma redação sintética do nome e, eventualmente, uma breve explicação da sua finalidade. É claro

gestão orientada por indicadores de desempenho

que um indicador não se restringe a um número, porcentual ou outra unidade numérica, se desprovido de análise qualitativa. Para todos os indicadores desse sistema concebido, há a definição de metas a serem atingidas e que devem ser comparadas com os resultados obtidos. Com isso, as decisões a serem tomadas ficam qualificadas pelo embasamento objetivo na realidade. É dessa forma que esse sistema de indicadores será inserido como parte essencial do modelo de gestão das subprefeituras.

INDICADORES RELACIONADOS ÀS ÁREAS

1. GABINETE DO SUBPREFEITO

1.1 Número de Unidades Básicas de Saúde – UBSs – que contam com Conselho Gestor local
Identificar a adesão da subprefeitura ao modelo de instalação de Conselho Gestor local nas UBSs.

1.2 Número de Unidades Educacionais que contam com Conselho Escolar
Identificar a adesão da subprefeitura ao modelo de instalação de Conselho Gestor local nas Unidades Educacionais.

1.3 Índice de participação popular nas assembléias deliberativas do Orçamento Participativo
Identificar o índice de participação popular local nas assembléias deliberativas.

1.4 Número de obras demandadas pelo Orçamento Participativo
Identificar a quantidade de obras concluídas que foram demandadas pelo OP.

1.5 Porcentual de investimento que foi executado pelo Orçamento Participativo

2. SAÚDE

2.1 Número de casos autóctones de dengue
Identificar casos confirmados de dengue.

gestão orientada por indicadores de desempenho

2.2 Porcentual de mortalidade infantil anualizada
Identificar o porcentual de óbitos mensal em menores de um ano.
2.3 Porcentual de mortalidade neonatal
Identificar o número de óbitos mensal até 28 dias.
2.4 Taxa de pré-natal com sete ou mais consultas nos hospitais do SUS.
Identificar o número de consultas de pré-natal.

3. EDUCAÇÃO
3.1 Taxa de evasão escolar
Identificar o número de alunos que abandona a escola.
3.2 Taxa de repetência
Identificar o número de alunos repetentes.
3.3 Taxa de analfabetismo
Identificar o índice de analfabetos no território da subprefeitura.
3.4 Quantidade de vagas oferecidas na rede pública municipal
Identificar a oferta de vaga nas escolas municipais.

4. ADMINISTRAÇÃO E FINANÇAS
4.1 Gestão de Pessoas
4.1.1 Número de horas de capacitação
Identificar a quantidade de treinamento oferecido.
4.1.5 Taxa de absenteísmo
Identificar o porcentual de ausências não programadas ao trabalho.
4.1.2 Índice de satisfação no ambiente de trabalho
Identificar a satisfação do servidor no seu ambiente de trabalho.
4.1.3 Taxa de uso de drogas/alcoolismo
Identificar a quantidade de servidores com problemas com drogas e álcool na subprefeitura.
4.2 Suprimentos
4.2.1 Tempo de atendimento às requisições de materiais e serviços
Identificar a eficiência no atendimento às solicitações.

4.2.2 Número de itens indisponíveis em estoque
Identificar a capacidade de controle do estoque.
4.2.3 Valores economizados em processo licitatório de pregão
Identificar a economia gerada com a realização do pregão eletrônico ou presencial.
4.3 Finanças/Orçamento
4.3.1 Grau de execução orçamentária da despesa
Identificar o montante empenhado por grupo de despesa para comparação com o montante da dotação orçamentária atualizada.
4.3.2 Grau de suplementação e remanejamento orçamentário
Identificar os valores que foram suplementados ou remanejados, comparados com o orçamento aprovado inicialmente.
4.3.3. Tempo de resposta dos processos administrativos
Avaliar o tempo de trâmite de documentos no sistema de processos administrativos.

5. ASSISTÊNCIA SOCIAL E DESENVOLVIMENTO

5.1 Grau de acesso da população às políticas públicas
Identificar o grau de acesso da população aos programas sociais existentes na subprefeitura.
5.2 Porcentual da população atendida com alto grau de privação que conquistou autonomia
Identificar porcentual da população atendida pelos programas sociais que saíram do sistema de atendimento e conseguiram viver de forma autônoma.
5.3 Grau de privação da população que reside no território das subprefeituras
Identificar o grau de privação da população que habita o território da subprefeitura e que possui restrições de acesso aos programas sociais.
5.4 Quantidade de espaços públicos e atividades culturais, esportivas e de lazer oferecidos à população
Avaliar a quantidade de atividades culturais, esportivas e de lazer e de espaços públicos disponíveis para essas atividades.

gestão orientada por indicadores de desempenho

5.5 Número de famílias que vivem em núcleos de habitação imprópria

Identificar a população que vive em condições de sub-habitação e infra-estrutura básica nas regiões.

5.6 Número de famílias beneficiadas pelo programa Fome Zero

Identificar as famílias beneficiadas pelo programa e relacionar com a necessidade local.

5.7 Número de entidades cadastradas para ampliar a capacidade de atendimento do programa Fome Zero

5.8 Grau de intersetorialidade das políticas públicas na área de Ação Social

Identificar a capacidade das subprefeituras de executar projetos e ações em políticas sociais de forma integrada.

6. INFRA-ESTRUTURA – Os indicadores de tapa-buracos serão coletados juntos com o eixo Belezura (grandes avenidas) e na Coordenação de Infra-Estrutura para as demais vias e ruas.

6.1 Índice de atendimento da demanda

Identificar o quanto do solicitado está sendo atendido possibilitando assim avaliações para planejamento e programação dos serviços.

6.2 Quantidade em metros quadrados de área capinada

Identificar o quanto do solicitado está sendo atendido possibilitando assim avaliações para planejamento e programação dos serviços.

6.3 Metros quadrados de buracos eliminados

Avaliar a eficácia dos serviços de tapa-buracos mensurando a eliminação de buracos na malha viária das subprefeituras.

6.4 Quilômetros lineares de galerias limpas e desobstruídas

Avaliar a eficácia dos serviços para seu planejamento e programação.

6.5 Número de árvores removidas ou podadas

Avaliar a eficácia dos serviços para seu planejamento e programação.

gestão orientada por indicadores de desempenho

7. PLANEJAMENTO URBANO

Para essa Coordenadoria, a discussão realizada até o momento aponta para os seguintes parâmetros, que poderão ser revistos quando da definição dos indicadores de desempenho:

7.1 Certidões de Regime Urbanístico e traçado do Plano Diretor incidente no imóvel

Quantificar as propostas de intervenções de uso do solo no território da subprefeitura.

7.1 Certidões de Cadastramento de Logradouro

Quantificar as intervenções referentes às medidas de extensão e largura de trechos do logradouro, cujos padrões de urbanização foram recebidos pelo município.

7.2 Certidões de Zoneamento

Quantificar as informações de Plano Diretor que definem o grupamento de atividades para o imóvel.

7.4 Projetos urbanísticos de condomínio por unidade autônoma de habitação unifamiliar aprovados e licenciados

Quantificar as informações de Plano Diretor que definem o grupamento de atividades para o imóvel.

7.5 Estudos de Viabilidade Urbanista (EVU) para alterações de recuo de jardim, do porte de empreendimentos não residenciais

Quantificar as intervenções de recuo de jardim e porte de empreendimentos não residenciais aprovados e licenciados.

INDICADORES RELACIONADOS AOS EIXOS ESTRATÉGICOS

1. PRAÇA DE ATENDIMENTO

1.1 Porcentual de serviços da Prefeitura implantados na Praça de Atendimento

1.2 Grau de conformidade com o projeto da Praça de Atendimento

Analisar o grau de implantação do modelo de atendimento ao cidadão.

gestão orientada por indicadores de desempenho

1.3 Índice de aprovação das Praças de Atendimento
Conhecer o grau de avaliação positiva dos serviços oferecidos nas Praças de Atendimento.

2. ÁREA DE RISCO

2.1 Porcentual de áreas de riscos com intervenção da subprefeitura
Comparar o número de áreas de risco com intervenção da subprefeitura com o total de áreas de risco existentes na região.

2.2 Porcentual de famílias removidas que se encontram em áreas de risco
Comparar o número de famílias removidas com o total das que se encontram em áreas de risco.

3. BELEZURA

3.1 Metros quadrados de buracos eliminados
Avaliar os serviços de tapa-buracos quantificando a eliminação de buracos nas regiões.

3.2 Metros quadrados de área recapeada
Avaliar os serviços de recapeamento asfáltico mensurando a área recapeada pelas subprefeituras.

4. INTEGRAÇÃO

4.1 Número de demandas da população realizadas de forma integrada em cada subprefeitura

4.2 Valores gastos em projetos ou atividades intersetoriais
Mensurar os valores do orçamento gastos em projetos/atividades executados de forma integrada entre as coordenadorias comparado com o total gasto em projetos/atividades das subprefeituras.

5. SEM BARREIRAS

5.1 Número de ações de acessibilidade em ruas e avenidas de grande circulação

5.2 Número de novos empreendimentos adequados às exigências legais de acessibilidade

gestão orientada por indicadores de desempenho

Quantificar os projetos que contémplam adequadamente a legislação do município sobre acessibilidade.

5.3 Número de próprios municipais com acessibilidade adequada
Quantificar os próprios municipais que estão adequados à legislação de acessibilidade do município.

6. RECICLAR
6.1 Porcentual de lixo reciclado.
6.2 Número de Postos de Entrega Voluntária – PEVs em cada subprefeitura
Mensurar os PEVs instalados em cada território.
6.3 Número de vagas de trabalho geradas pelos serviços de coleta seletiva de lixo
Mensurar os postos de trabalho gerados com a instalação e adequação do programa de coleta seletiva do lixo.

Os indicadores, ao serem orientadores dos resultados com relação às metas definidas, funcionam como uma bússola que aponta o melhor caminho organizacional. A disponibilidade sistemática e contínua de informações aos gestores instala uma dinâmica de desafio intelectual na busca de soluções para responder aos problemas identificados. Há, portanto, uma relação direta entre gestão orientada por indicadores de desempenho, desenvolvimento institucional e aprendizagem organizacional que a descentralização deverá implementar.

Conclusão

■ ■ ■

"A existência de um Estado centralizado representa, nos dias atuais, um fator negativo tanto do ponto de vista funcional (ineficiência das políticas setoriais e dos serviços públicos) quanto do ponto de vista democrático, no que diz respeito à sua capacidade para promover uma necessária e urgente redefinição das relações entre Estado e Sociedade.

"A questão da descentralização é hoje uma das principais precondições para formular uma efetiva democratização do Estado. Do ponto de vista conceitual, o termo define uma transferência ou delegação de autoridade legal e política aos poderes locais para planejar, tomar decisões e gerir funções públicas do governo central. Descentralização relaciona-se, pois, com a distribuição territorial do poder e implica delegação de autoridade."[1]

A experiência de São Paulo dialoga diretamente com essa formulação a partir de uma tese básica: descentralização é um processo de delegação de poder que só se afirma com a autonomia para gerenciar recursos financeiros e com um conjunto de atribuições definidas. Na sua constituição, a descentralização foi concebida para responder a esse desafio tendo em vista a relação com três atores

---

[1] Jacobi, Pedro Roberto. *Políticas sociais e ampliação da cidadania*. Rio de Janeiro: Editora FGV, 2000, p. 35.

conclusão

centrais do jogo político administrativo, como já mencionamos na introdução do livro: a burocracia, a sociedade civil e a representação política instituída pelas regras da democracia representativa. Do tensionamento da relação cotidiana com esses atores é que vai se conformando o processo da descentralização. À luz, portanto, dessa complexa teia de relacionamentos, da pressão para a modernização do Estado e das premissas do modelo, cabem algumas reflexões.

A descentralização indica a construção de uma agenda positiva sobre a reforma do Estado, pautada ao mesmo tempo pela defesa das funções estatais e públicas, mas sem pruridos de propor um roteiro claro de mudanças políticas, gerenciais e administrativas. Os impactos na relação do Estado com cada um dos três atores acima mencionados é distinto, mas complementar para compreender as mudanças estruturais propostas pela descentralização.

A descentralização precisa combinar, com seu modelo organizacional e gerencial, o planejamento territorial orientado pelas prioridades locais e definições gerais de governo. Mas para que esses vínculos entre demandas específicas (territoriais) e estruturais (governamentais) gerem um bom planejamento, é importante que o processo decisório para produzir tal síntese geral seja mais bem-definido. Por exemplo, até onde vai a função de orientação e coordenação técnica das secretarias para não se confrontar com a autoridade do subprefeito? Como combinar operacionalmente um modelo de gestão territorial que tem como autoridade um subprefeito e a adoção de políticas específicas em saúde, educação etc., orientadas pelas secretarias centrais? Qual a instância ou em que nível se produz a combinação do atendimento das demandas estruturais definidas de forma centralizada e aquelas nas quais as subprefeituras possuem autonomia decisória? Essas ainda são questões a que o desenvolvimento do modelo deverá responder, juntamente com uma revisão da estrutura organizacional e de atribuições dos órgãos da administração direta e indireta.

Talvez por conta dessa situação, a descentralização deva politizar a relação com a sociedade civil, desenvolvendo um processo peda-

conclusão

gógico que instale um movimento de esclarecimento das características, etapas, limites etc. da descentralização. Como o êxito deste modelo depende, em grande medida, da aceitação que terá da população local, é preciso reforçar os instrumentos de participação popular como o Orçamento Participativo e, logo a seguir, o Conselho de Representantes, recentemente aprovado na Câmara Municipal. A descentralização não pode ser percebida apenas como um movimento do Estado em relação à Sociedade. Um dos desafios postos para sua consolidação consiste em dividir o protagonismo político com a sociedade civil nas regiões, a partir de formas efetivas de educação, participação e transparência de informação.

Orientar a descentralização nessa direção aponta para o estabelecimento de um padrão completamente distinto de relacionamento com a sociedade civil. No Brasil, historicamente, o Estado contribuiu para manter relações paternalistas e clientelistas com a sociedade civil e fez pouco para que a população se organizasse, fiscalizasse e cobrasse com níveis crescentes de autonomia. Responder efetivamente a essa questão é um dos elementos centrais da descentralização em São Paulo. Daí a necessidade de diálogo permanente entre a democratização da gestão com mecanismos de controle social e participação popular e a descentralização. Promover essa aproximação entre poder local, democratização da gestão e controle social constitui-se numa variável central para o processo da descentralização, que necessita aprimorar seu funcionamento e metodologia de implantação.

É claro que esse processo gera uma pressão sobre o modelo tradicional de organização da burocracia. Historicamente, o setor público sempre conviveu com um modelo administrativo pouco afeto à geração de resultados com foco no cidadão. O modelo burocrático não apenas conviveu com padrões para a execução de seus procedimentos como também os adota como sua finalidade precípua. Uma cultura gerencial orientada por resultados, de forma oposta, define padrões administrativos e organizacionais como meio para melhor

conclusão

atender às demandas do cidadão. Por que então, a descentralização, ao aproximar o poder do cidadão e fortalecer mecanismos de controle social e de participação, cria as bases objetivas para a implantação de uma cultura gerencial focada em resultados? Isso se deve exatamente pela possibilidade que a sociedade tem de ampliar a cobrança por maior eficiência e eficácia das políticas públicas ao estabelecer uma pressão positiva sobre a burocracia. Estabelecer esse paradigma gerencial e educar os profissionais das subprefeituras a buscarem obter resultados[2] é um desafio de grandes proporções. Significa inverter a lógica estrutural das organizações públicas, em geral de ênfase nos processos, e não no usuário ou beneficiário da prestação de serviço. Instituir uma metodologia de aprendizagem organizacional não é tarefa para uma agenda de curto prazo. Falamos aqui de uma outra dimensão pedagógica a que a descentralização deve responder: dos profissionais e gestores que, no cotidiano, produzem a relação com a sociedade e os cidadãos. Esse é um processo continuado que ainda cobra uma definição mais clara de método, conteúdos e públicos-alvo e que, se não for respondido, pode comprometer a descentralização. Isso pode ocorrer, seja pela perpetuação de uma cultura administrativa e funcional avessa à democratização e ampliação do controle social, seja pela impossibilidade de agregar valor público percebido pelo cidadão como algo de qualidade superior em relação ao paradigma do modelo burocrático centralizado.

Estruturar um modelo gerencial orientado para resultados requer definir como deve se processar a avaliação de desempenho institucional e funcional.[3] Toda busca de resultados se baseia na busca de atingir metas e objetivos financeiros, de qualidade de serviços, de satisfação dos usuários dos serviços etc. Do ponto de vista gerencial

---

[2] Não falamos aqui somente de resultados financeiros, ainda que a eficácia do gasto público deva fazer parte de uma mudança de comportamento dos profissionais, mas de agregação de valor social para o cidadão quando recebe e usufrui serviços oferecidos pelo Estado, sejam esses oriundos ou não das demandas organizadas nas instâncias de participação popular.

conclusão

e pedagógico se faz necessário combinar busca de resultados com uma avaliação da *performance* obtida. Uma vez que o poder local está mais próximo do cidadão e que este passa a ser o foco das políticas públicas, não incorporar avaliações sistemáticas de desempenho torna a descentralização incoerente com essa finalidade. O desafio posto consiste em implantar uma avaliação de desempenho que, embora deva verificar a eficiência dos serviços (se foram realizados corretamente), será centralmente orientada para avaliar eficácia (se fez o que era necessário) e efetividade (se produziu impacto e agregou valor público ao cidadão). Diante dessa conceituação básica, há um enorme desafio cultural e gerencial a que a descentralização precisa responder. Como introduzir um novo modelo gerencial que faça da avaliação de desempenho orientado por resultados obtidos pelas subprefeituras, um processo de motivação, envolvimento e qualificação dos profissionais? Como desenvolver o hábito administrativo em que avaliar desempenho assume, antes de mais nada, um caráter coletivamente pedagógico e não visa criar sanções? Como vincular os resultados da avaliação de desempenho com o planejamento territorial, que pode exigir o desenvolvimento de determinadas competências e habilidades só assimiláveis com a capacitação dos profissionais? Qual o padrão de divulgação das informações resultantes da avaliação de desempenho para o cidadão, estabelecendo, por exemplo, modelos de gestão à vista da *performance* obtida? Como retroalimentar o sistema gerencial com as informações oriundas da avaliação de desempenho institucional e dos profissionais? Essas são algumas questões de uma agenda aberta para a construção desse novo modelo de gestão criado com a descentralização. São, portanto, desafios para o próximo período no qual a população deverá ampliar seu grau de cobrança por maior eficiência, eficácia e efetividade da gestão local.

---

[3] Não nos referimos aqui às avaliações de desempenho tradicionais aplicadas para identificar perfil, comportamento e habilidades dos profissionais. Essas são importantes, mas insuficientes para responder ao processo da descentralização focado nas demandas da cidadania.

conclusão

A outra face desse modelo gerencial focado no cidadão e na geração de resultados também cobra um processo mais definido de prestação de contas. Se há resultados a obter, é importante divulgar para a população o que foi realizado e que metas foram atingidas. Desenvolver uma cultura e um comportamento gerencial pautado por níveis maiores de *accountability* significa introduzir uma mudança profunda em relação ao modelo burocrático. A descentralização demanda uma burocracia com outras características: orientada para resultados, focada no cidadão, autônoma nas suas decisões e capaz de prestar contas de suas atividades. Se a consolidação de um modelo de gestão com essas características é um desafio para qualquer reforma administrativa, mais ainda o é para a descentralização: não há como implantá-la sem enfrentar esses aspectos do modelo burocrático.

A necessidade de responder positivamente às questões acima apresentadas nos remete para o modelo de gestão que está sendo implantado nas subprefeituras. A metodologia proposta está baseada na constituição de fóruns coletivos, orientados pela premissa de construir um sistema de trabalho intersetorial, valorizador da liderança técnico-política coletiva e que tenciona ampliar a flexibilidade e autonomia administrativa conforme o preceito de "deixem o gerente gerenciar". Essas características do modelo de gestão das subprefeituras se opõem à forma como se organiza um sistema administrativo tradicional. Já vimos, ao longo do livro, que a concepção burocrática se baseia na departamentalização do conhecimento e na divisão do trabalho, na inflexibilidade organizacional amparada em procedimentos e num processo decisório hierarquizado e centralizado que desvaloriza a formação de grupos de trabalho e sistemas coletivos de gestão. O desafio da descentralização para manter, aprofundar e qualificar essa forma de organização do trabalho é uma tarefa de grande intensidade. Evidentemente que a organização do modelo de gestão é um meio para a principal finalidade que é a prestação de serviços com mais qualidade e eficácia para a população. Como propor um sistema novo de delegação de autoridade para as regiões que visa a melhorar a presta-

conclusão

ção de serviços, sem enfrentar a cultura tradicional da administração pública? Claro que a descentralização compreende a necessidade de reverter essa visão tradicional. Mas isso não basta para reverter padrões culturais e comportamentais tradicionais, assimilados de longa data. Por isso, é preciso um insistente e continuado processo de formação para testar e consolidar um novo modelo de organização do trabalho e de gerenciamento. Persistir na sua implantação, fortalecendo a horizontalização e intersetorialidade com foco no território, é vital para o sucesso da descentralização.

O pleno funcionamento do modelo de gestão precisa também responder a que agrega em eficácia e eficiência, pois se propõe a revisar a estrutura organizacional e gerencial do Estado. Primeiramente, a descentralização é uma proposta de reafirmação da centralidade do Estado como promotor do desenvolvimento social. Segundo, o movimento de delegação de poder às regiões cria as bases para uma nova institucionalidade pública com o envolvimento da população, da burocracia e da representação política instituída pelas regras da democracia representativa. Em terceiro lugar, a descentralização, com a proximidade do poder local, reduz os ciclos administrativos para a prestação de serviços, impactando na redução de custos operacionais e na sua agilidade. Em quarto lugar, ela exige a manutenção de padrões cada vez mais elevados nos serviços prestados pelo poder público, uma vez que os cidadãos, pela sua proximidade com instrumentos de participação popular, cobram cada vez mais qualidade, agilidade e eficácia. Por último, "maior descentralização e maior participação são fatores considerados imprescindíveis para melhorar o controle e a eficiência do gasto público".[4] Diante dessas considerações, a questão levantada é outra: a descentralização e a estrutura organizada para sua implantação devem ser qualificadas e aprimoradas para, ao aumentar a eficiência, a eficácia e a efetividade, justificarem-se como a melhor alternativa para a gestão de uma metrópole como

---

[4] Pedro Roberto Jacobi, op. cit., p. 36.

conclusão

São Paulo. Poder demonstrar, no cotidiano da relação com a população, que a racionalidade implementada com a descentralização apresenta benefícios políticos, democráticos e gerenciais são elementos compensadores para a ampliação do tamanho do Estado. Todos os cinco aspectos mencionados cobram presença de um Estado forte nas regiões, ao mesmo tempo em que este precisa aprofundar a qualidade de seu padrão de gestão para responder positivamente às expectativas criadas com a descentralização.

Analisando, ao longo de todo esse livro, a concepção e a metodologia que estão orientando a implantação da descentralização em São Paulo, é perceptível que há pressupostos claramente estabelecidos. O que este texto final buscou esboçar é uma síntese preliminar de aspectos que merecem uma reflexão permanente. Não foi objetivo do livro apresentar um modelo teórico, mas o relato de uma experiência prática que deve servir de referência para a modernização gerencial de outros municípios. Nesse debate incipiente acerca da modernização gerencial, o mérito da conclusão talvez seja o de contribuir para reforçar que é possível e viável ousar na introdução de novas práticas gerenciais. O livro buscou, portanto, atestar que, mesmo em uma cidade com as dimensões de São Paulo, quando há clareza de objetivos e uma metodologia adequada para sua implantação, é possível dar sustentação prática para a inovação gerencial. Os dois anos de implantação da descentralização mostram, dia a dia, que essa opção gerencial não apenas é viável como já se tornou uma realidade sem volta. O relato dessa experiência e da metodologia adotada para a sua implantação estão apresentados nesse livro. O restante é mérito de todos os protagonistas que, cotidianamente, vêm construindo esse modelo com a crença de que estão diante de uma experiência ímpar pela sua radicalidade e originalidade.

Apêndice

Algumas leis que mostram o desenvolvimento do processo de descentralização de São Paulo[1]

◼ ◼ ◼

1. Desde o início de 2002, antes da aprovação da lei que criou as subprefeituras, a descentralização já começava a acontecer com o governo reforçando o papel dos administradores regionais e suas atribuições:

◼ **Lei 13.278, de 7 de janeiro de 2002**
Dispõe sobre normas específicas em matéria de licitação e contratos administrativos no âmbito do município de São Paulo.

◼ **Decreto 41.762, de 7 de março de 2002**
Dispõe sobre a transferência pela guarda e controle dos prontuários funcionais dos servidores da administração direta do município de São Paulo.

◼ **Decreto 41.772, de 8 de março de 2002**
Dispõe sobre o processo de licitação e regulamenta dispositivos da Lei 13.278/02.

◼ **Portaria 16/SIS/02, de 10 de abril de 2002**
Delega competência para decidir sobre adicionais.

◼ **Portaria 18/SIS/02, de 19 de abril de 2002**
Delega competência aos administradores regionais para autorizar a abertura de procedimentos licitatórios na modalidade pregão.

◼ **Portaria 41/SIS/02, de 30 de julho de 2002**
Delega competência aos administradores regionais para autorizar a contratação direta de serviços de comunicação digital.

---

[1] Estas leis, portarias e decretos não são todo o material regulador das subprefeituras em São Paulo; são apenas uma mostra de como se deu o andamento do processo. Os dados foram fornecidos pela Unidade Central de Apoio Logístico (Unilog) da Secretaria Municipal das Subprefeituras.

apêndice

2. Após a aprovação da Lei, a evolução do processo negocial com as secretarias e a transferência de atribuições centralizadas para as subprefeituras:

▣ **Lei 13.399, de 1º de agosto de 2002**
Dispõe sobre a criação das subprefeituras no município de São Paulo

▣ **Decreto 42.237, de 1º de agosto de 2002**
Regulamenta a Lei 13.299/02, que dispõe sobre a criação das Subprefeituras no Município de São Paulo, no que se refere à execução dos serviços de manutenção e conservação de prédios, instalações e equipamentos municipais, bem como de pequenas obras, e dá outras providências.

▣ **Decreto 42.238, de 1º de agosto de 2002**
Regulamenta a Lei 13.299/02, no que se refere às competências para o cumprimento e a fiscalização de serviços relativos à limpeza pública, previstos na Lei 10.315/87.

▣ **Decreto 42.239/02, de 1º de agosto de 2002**
Regulamenta a Lei 13.399/02, e disciplina a execução de obras e serviços, conforme disposto na Lei 8.513/77 e na Lei 8.658/77.

▣ **Decreto 42.561, de 30 de outubro de 2002**
Dispõe sobre a coordenação da implantação das Subprefeituras, de acordo com as normas constantes da Lei 13.399, de 1º de agosto de 2002, e dá outras providências.

▣ **Portaria Intersecretarial 091/SPG-SMSP/02, de 5 de novembro de 2002**
Referente ao controle de prontuários de servidores.

▣ **Portaria 69/SMSP/02, de 7 de novembro de 2002**
Referente à movimentação de pessoal.

▣ **Portaria 70/SMSP/02, de 7 de novembro de 2002**
Referente à remoção de servidor.

▣ **Portaria 71/SMSP/02, de 7 de novembro de 2002**
Referente ao afastamento de servidor.

▣ **Decreto 42.670, de 2 de dezembro de 2002**
Referente à transferência de instâncias decisórias da SMSP para as Subprefeituras.

▣ **Portaria Intersecretarial 06/SGM/SMSP/SGP/02, de 21 de dezembro de 2002**
Referente à estrutura organizacional das Subprefeituras.

apêndice

◘ **Decreto 42.770, de 3 de janeiro de 2003**
Dispõe sobre a transferência de equipamentos da Secretaria Municipal de Esportes, Lazer e Recreação para as Subprefeituras e dá outras providências.

◘ **Decreto 42.771, de 3 de janeiro de 2003**
Dispõe sobre a transferência de equipamentos da Secretaria Municipal da Saúde para as Subprefeituras e dá outras providências.

◘ **Decreto 42.772, de 3 de janeiro de 2003**
Dispõe sobre a transferência de equipamentos da Secretaria Municipal de Cultura para as Subprefeituras e dá outras providências.

◘ **Decreto 42.773, de 3 de janeiro de 2003**
Dispõe sobre a transferência da administração de equipamentos da Secretaria Municipal de Educação para as Subprefeituras e dá outras providências.

◘ **Decreto 42.838, de 10 de fevereiro de 2003**
Dispõe sobre a transferência de unidades e cargos de provimento em comissão que especifica para as Subprefeituras de M'Boi Mirim, Parelheiros e Cidade Tiradentes.

◘ **Decreto 42.874, de 19 de fevereiro de 2003**
Transfere o "Pólo Cultural da 3ª Idade do Município de São Paulo" para a Subprefeitura da Sé e dá outras providências.

◘ **Decreto 42.915, de 25 de fevereiro de 2003**
Retifica o Anexo Único integrante do Decreto 42.773, de 3 de janeiro de 2003, que dispõe sobre a transferência da administração de equipamentos da Secretaria Municipal de Educação para as Subprefeituras.

◘ **Decreto 42.977, de 14 de março de 2003**
Dispõe sobre o remanejamento, no âmbito das Subprefeituras, de cargos de livre provimento em comissão dentre integrantes da carreira de Procurador do Município.

◘ **Decreto 43.045, de 2 de abril de 2003**
Atribui às Subprefeituras responsabilidade pelos encargos necessários ao funcionamento dos Conselhos Tutelares no Município de São Paulo.

◘ **Decreto 43.121, de 22 de abril de 2003**
Substitui o Anexo Único a que se refere o artigo 1º do Decreto 42.771, de 3 de janeiro de 2003, que dispõe sobre a transferência da administração de equipamentos da Secretaria Municipal da Saúde para as Subprefeituras.

◘ **Decreto 43.396, de 30 de junho de 2003**
Retifica o Anexo Único integrante do Decreto 42.773, de 3 de janeiro de 2003, alterado pelo Decreto 42.915, de 25 de fevereiro de 2003, que dispõe

apêndice

sobre a transferência da administração de equipamentos da Secretaria Municipal de Educação para as Subprefeituras.

◼ **Portaria 35/SMC/03, de 22 de julho de 2003**

Referente ao controle de prontuário dos servidores da Secretaria Municipal de Cultura para as Subprefeituras.

◼ **Decreto 43.796, de 16 de setembro de 2003**

Dispõe sobre a transferência de mercados municipais da Secretaria Municipal de Abastecimento (Semab) para as Subprefeituras que especifica.

◼ **Decreto 43.797, de 16 de setembro de 2003**

Dispõe sobre a transferência de sacolões municipais da Secretaria Municipal de Abastecimento (Semab) para as Subprefeituras que especifica.

◼ **Decreto 43.799, de 16 de setembro de 2003**

Dispõe sobre a transferência, da Secretaria Municipal de Abastecimento (Semab) para as Subprefeituras, da coordenação do controle e fiscalização das atividades que gerem poluição sonora no âmbito do município de São Paulo.

◼ **Decreto 43.796, de 16 de setembro de 2003**

Dispõe sobre a transferência de mercados municipais da Semab para as Subprefeituras.

◼ **Decreto 43.797, de 16 de setembro de 2003**

Dispõe sobre a transferência de sacolões municipais da Semab, para as Subprefeituras.

◼ **Decreto 43.800, de 16 de setembro de 2003**

Transfere, da Semab para as Subprefeituras, as atribuições relativas à instalação e controle do funcionamento de bancas de flores nas vias e logradouros públicos.

◼ **Decreto 43.799, de 16 de setembro de 2003**

Dispõe sobre a transferência, da Semab para as Subprefeituras, do controle da fiscalização das atividades que gerem poluição sonora.

◼ **Decreto 44.059, de 31 de outubro de 2003**

Retifica o Anexo Único integrante do Decreto 42.770, de 3 de janeiro de 2003, que dispõe sobre a transferência da administração de equipamentos da Secretaria Municipal de Esportes, Lazer e Recreação para as Subprefeituras.

◼ **Lei 13.682, de 15 de dezembro de 2003**

Estabelece a estrutura organizacional das Subprefeituras criadas pela Lei 13.399, de 1º de agosto de 2002, cria os respectivos cargos de provimento em comissão e dá outras providências.

apêndice

▣ **Decreto 44.465, de 5 de março de 2004**

Retifica o Anexo Único integrante do Decreto 42.773, de 3 de janeiro de 2003, que dispõe sobre a transferência da administração de equipamentos da Secretaria Municipal de Educação para as Subprefeituras, alterado pelos Decretos 42.915, de 25 de fevereiro de 2003, e 43.396, de 30 de junho de 2003.

▣ **Decreto 44.418, de 26 de fevereiro de 2004**

Dispõe sobre a transferência de parte das competências da Secretaria da Habitação e Desenvolvimento Urbano (Sehab) para as Subprefeituras.

▣ **Decreto 44.658, de 23 de abril de 2004**

Regulamenta a organização de Conselhos Gestores nas Unidades do Sistema Único de Saúde e nas Coordenadorias de Saúde das Subprefeituras, instituídos pela Lei 13.325, de 8 de fevereiro de 2002, com as alterações introduzidas pelos artigos 20, 21 e 22 da Lei 13.716, de 7 de janeiro de 2004.

▣ **Decreto 44.770, de 20 de maio de 2004**

Transfere a execução e a operacionalização do Programa de Transporte Escolar Municipal gratuito – Vai e Volta – para as Subprefeituras.

▣ **Decreto 44.806, de 28 de maio de 2004**

Dispõe sobre a transferência de horas suplementares de trabalho da Secretaria Municipal de Esportes, Lazer e Recreação para as Subprefeituras.

▣ **Lei 13.881, de julho de 2004**

Dispõe sobre a criação, composição, atribuições e funcionamento do Conselho de Representantes.

Bibliografia

■ ■ ■

Abrúcio, Fernando Luiz. Os avanços e os dilemas do modelo pós-burocrático: a reforma da administração pública à luz da experiência internacional recente. In: Luiz Carlos Bresser Pereira & Peter Keven Spink (orgs.). *Reforma do Estado e administração pública gerencial*. 4ª ed. Rio de Janeiro: FGV, 2001.

Alecian, Serge & Dominique Facher. *Guia de gerenciamento do setor público*. Prefácio de Marc Cabaré. Rio de Janeiro: Revan, Brasília: Enap, 2001.

Araújo, Luís César G. de. *Organização, sistemas e métodos*. São Paulo: Atlas, 2001.

Beltrão, Hélio. *Descentralização & liberdade*. 3ª ed. Brasília: EdUNB, 2002.

Braverman, Harry. *Trabalho e capital monopolista*. Rio de Janeiro: Guanabara, 1974.

Cabbinet Office. *Equality in Performance Review Progress Report*. Londres, May 2003.

Campos, Gastão Wagner de Sousa. *Um método para análise e co-gestão de coletivos: a constituição do sujeito, a produção de valor e uso e a democracia em instituições*. São Paulo: Hucitec, 2000.

Centro Latinoamericano de Administración para el Desarrollo. *Una nueva gestión pública para América Latina*. Mimeografado, 1998.

Champy, James & Michael Hammer. *Reengenharia*. Rio de Janeiro: Campus, 1994.

Chinelato Filho, João. *O&M integrado à informática*. Rio de Janeiro: LTC, 1987.

Crozier, Michel. *A sociedade bloqueada*. Tradução de Maia Lúcia Álvares Maciel. Brasília: EdUNB, 1983.

Davenport, Thomas H. *Reengenharia de processos: como inovar na empresa através da tecnologia da informação*. 2ª ed. Rio de Janeiro: Campus, 1994.

bibliografia

Deming, W. Edwards. *Qualidade: a revolução da administração*. Tradução de Clave Comunicações e Recursos Humanos. Rio de Janeiro: Marques Saraiva, 1990.

Dowbor, Ladislau. *O mosaico partido*. Petrópolis: Vozes, 2000.

Drucker, Peter F. *A organização do futuro: como preparar hoje as empresas de amanhã*. Editores: Frances Hesselbein, Marshall Goldsmith & Richard Beckhard; organização: The Peter F. Drucker Foundation. Tradução de Nota Assessoria. São Paulo: Futura, 1997.

———. *Prática da administração de empresas*. Tradução de Carlos A. Malferrari. São Paulo: Pioneira, 1981.

Fung, Archon; Mary Graham & David Weil. "The Political Economy of Transparency: What Makes Disclousure Policies Sustainable?" John F. Kennedy School of Government, Harvard University, 2002.

Gandin, D. *A prática do planejamento participativo: na educação e em outras instituições, grupos e movimentos dos campos cultural, social, político, religioso e governamental*. Rio de Janeiro: Vozes, 1994.

Garibe, Roberto & Paulo Capucci (org.). *Ciclo de atividades com as subprefeituras: gestão local nos territórios da cidade*. São Paulo: Mídia Alternativa, 2004.

Genro, Tarso & Ubiratan Souza. *Orçamento participativo*. São Paulo: Fundação Perseu Abramo, 1997.

Gershon, Sir Peter. *Releasing Resources to the Front Line: Independent Rewiew of Public Sector Efficiency*. Norwich, julho 2004.

Ghoshal, Sumantra & Cristopher A. Bartlett. *A organização individualizada. As melhores empresas são definidas por propósitos, processos e pessoas*. Tradução de Afonso Celso da Cunha Serra. Rio de Janeiro: Campus, 2000.

Gomes, Gustavo Maria & Maria Cristina MacDowell. *Descentralização política, federalismo fiscal e criação de municípios: o que é mal para o econômico, nem sempre é bom para o social*. Rio de Janeiro: Ipea, 1999.

Goudzwaard, Bob & Harry de Lange. *Beyond Poverty and Affluence: Toward an Economy of Care*. Genebra: WWC, 1975.

Gramsci, Antônio. *Maquiavel, a política e o Estado moderno*. 7ª edição. Rio de Janeiro: Civilização Brasileira, 1989.

Habermas, Jürgen. *A crise de legitimação do capitalismo tardio*. Tradução de Vamireh Chacon. Rio de Janeiro: Tempo Brasileiro, 1980.

bibliografia

———. *Mudança estrutural na esfera pública: investigações quanto a uma categoria de sociedade burguesa*. Tradução de Flávio Kothe. Rio de Janeiro: Tempo Brasileiro, 1984.

Hamel, Gary. *Competindo pelo futuro: estratégias inovadoras para obter o controle do seu setor e criar os mercados de amanhã*. Tradução de Outras Palavras. Rio de Janeiro: Campus, 1997.

Hammer, Michael. *Além da reengenharia*. Rio de Janeiro: Campus, 1997.

Harvard Business Review. *Aprendizagem organizacional*. Tradução de Cassia Maria Nasser. Rio de Janeiro: Campus, 2001.

Hax, Arnoldo C. & Nicolas S. Majluf. *Estrategia para el liderazgo competitivo. De la visión a los resultados*. [Título original: *The Stratey Concept and Process*]. Tradução de Alejandro G. Tiscornia. Buenos Aires: Artes Gráficas Color Efe, 1997.

Hutchinson, Peter & David Osborne. *The Price of Government: Getting the Results We Need in an Age of Permanent Fiscal Crisis*. Nova York: Basic Books, 2004.

Jacobi, Pedro Roberto. *Políticas sociais e ampliação da cidadania*. Rio de Janeiro: FGV, 2000.

Kamarck, Elaine C. *Government Innovation around the World*. Institute for Democratic Governance and Innovation, John F. Kennedy School of Government, Harvard University, novembro 2003.

Kelman, Arnold M. *Changing Big Government Organizations: Easier than Meets the Eye?*. Ash Institute, fevereiro 2004.

Kettl, Donald F. "A revolução global: reforma da administração do setor público". In: Luiz Carlos Bresser Pereira & Peter Keven Spink (orgs.). *Reforma do Estado e administração pública gerencial*. 4ª ed. Rio: FGV, 2001.

Kettl, Donald F.; Elaine Kamarck & Steve Kelman. "The Innovations in American Government Program". John F. Kennedy School Government, Harvard University, ocasional paper, 1998.

Kickert, Walter J. M. *Gestão pública nos Estados Unidos e Europa*. Rotterdam: Institute of Public Finance and Fiscal Law, Erasmus University, s.d.

Laudon, Kenneth C. & Jane Price. *Sistemas de informação*. 4ª ed. Rio de Janeiro: LTC, 1999.

Mates, Carles Ramió. *Las debilidades y los retos de la gestión pública en red con una orientación tecnocrática e empresarial*. Barcelona: Universidad Pompeu Fabra, mimeografado, 2003.

bibliografia

Mintzberg, Henry; Bruce Ahlstrand & Joseph Lampel. *Safári de estratégia*. Tradução de Nivaldo Montingelli Jr. Porto Alegre: Bookman, 2000.

Mowitt, Arnold M. "Engaging Front Line Employees in Organizational Renewal". John Kennedy School of Government, Harvard University, mimeografado, 1997.

NLC's Advisory Council Futures Process. *Connecting Citizen and their Government Civility, Responsibility and Local Democracy*. Futures Report, 1996.

———. *Making Connections: Citizens and their Government*. Futures Report, 1997.

Nonaka, Ikujiro & Hirotaka Takeuchi. *Criação de conhecimento na empresa*. Tradução de Ana Beatriz Rodrigues & Priscila Martins Celeste. Rio de Janeiro: Campus, 1997.

Osborne, David. *Reinventando o governo: como o espírito empreendedor está transformando o poder público*. Tradução de Sergio Fernando Guarinschi Bath & Evandro Magalhães Jr. Brasília: MH Comunicações, 1998.

Pereira, Luiz Carlos Bresser & Peter Keven Spink (orgs.). *Reforma do Estado e administração pública gerencial*. 4ª ed. Rio de Janeiro: FGV, 2001.

Peters, Thomas J. & Robert H. Waterman. *In Search of Excellence*. Warner Books, 1984.

Porter, Michael. *Vantagem competitiva: criando e sustentando um desempenho superior*. Tradução de Elizabeth Maria de Pinho Braga. Rio de Janeiro: Campus, 1990.

Prahalad, C. K. Os desafios do novo milênio. *Exame*, ed. 716, ano 34, nº 12, 14 de junho de 2000.

Richardson, Ruth. "As reformas do setor público da Nova Zelândia". In: Luiz Carlos Bresser Pereira & Peter Keven Spink (orgs.). *Reforma do Estado e administração pública gerencial*. 4ª ed. Rio de Janeiro: FGV, 2001.

Rolnik, Raquel. *O que é cidade?* São Paulo: Brasiliense, 1985.

Sanches, J. Global Capitalism: Making it Work. *The Economist*, 1998.

Santos, Anivaldo Solano et al. *Projeto Executivo MBA desenvolvimento gerencial*. São Paulo: Instituto Mauá de Tecnologia, 2002.

Santos, Milton. *O espaço dividido*. Rio de Janeiro: Francisco Alves, 1979.

Santos, Ubiratan de Paula & Daisy Barretta. *Subprefeituras: Descentralização e participação popular em São Paulo*. São Paulo: Hucitec, 2004.

Santos Júnior, Orlando Alves. *Democracia e governo local: dilemas e reforma municipal no Brasil*. Rio de Janeiro: Revan-Fase, 2001.

bibliografia

Scholtes, Peter R. *Times da qualidade: como usar equipes para melhorar a qualidade*. Com contribuições de Brian L. Joiner et al. Tradução de Elenice Mazzilli & Lucia Faria Silva, Associação Alumni. Rio de Janeiro: Qualitymark, 1992.

———. *O manual do líder: um guia para inspirar sua equipe e gerenciar o fluxo de trabalho no dia-a-dia*. Rio de Janeiro: Qualitymark, 1999.

Senge, Peter M. *A dança das mudanças*. Tradução de Bazán Tecnologia e Lingüística. Rio de Janeiro: Campus, 1999.

———. Senge, Peter M. *A quinta disciplina*. Tradução de OP Traduções. São Paulo: Best Seller, 1998.

Sloan, Alfred P. *Meus anos com a General Motors*. Tradução de Nivaldo Montingelli. São Paulo: Negócio Editora, 2001.

Spink, Peter; Silvio Cacciabava & Veronika Paulics. *Novos contornos da gestão local: conceitos em construção*. São Paulo: Polis-Programa Gestão Pública e Cidadania, 2002.

Sposati, Aldaíza. *A cidade em pedaços*. São Paulo: Brasiliense, 2001.

Stewart, Thomas. *Capital intelectual*. Tradução de Ana Beatriz Rodrigues & Priscila Martins Celeste. Rio de Janeiro: Campus, 1998.

Suplicy, Marta. *Atualidade da democracia participativa*, novembro de 1999.

Taylor, Frederick W. *Princípios de administração científica*. São Paulo: Atlas, 1990.

Tomassini, L. *Estado, governabilidad y desarrollo*. BID, 1993.

Walters, Jonathan. *Measuring up: Governing's Guide to Performance Measurement for Geniuses (and Other Public Managers)*. Governing Books, 1998.

Weber, Max. *Economía y sociedad*. 7ª ed. México: Fondo de Cultura Económica, 1984.

DOCUMENTOS CONSULTADOS

A Prata da Casa. Publicação da Secretaria das Administrações Regionais, 1991.

Plano de ação governo local – 2002/2003: Rumo às subprefeituras.

Programa de governo da coligação Muda São Paulo.

Documento do III Congresso Paulista de Participação Popular.

bibliografia

SITES

http://www.aprenda450anos.com.br – *site* em homenagem aos 450 anos de São Paulo.
http://www.portoalegre.rs.gov.br – Prefeitura de Porto Alegre.
http://www.prefeitura.sp.gov.br – Prefeitura de São Paulo.
http://www.desburocratizar.org.br – Instituto Hélio Beltrão.
http://www.clad.org.ve – Centro Latinoamericano de Administración para el Desarrollo.
http://ppbr.com – Ladislau Dowbor.
http://www.enap.gov.br – Escola Nacional de Administração Pública.
http://www.fgv.br – Fundação Getúlio Vargas.
http://www.fndc.com.br – Fórum Nacional pela Democratização da Comunicação.
http://www.harvard.edu – Harvard Business School.
http://aspanet.org – The American Society for Public Administration.
http://www.cmps.gov.uk – CPMS Learning in Government.
http://planejamento.gov.br – Governo Federal/Ministério do Planejamento.
http://www.bcn.es – Prefeitura de Barcelona.
http://www.upgrade-cepis.org – The European Journal for the Informatics Professional.
http://www.ids-sheer.com – IDS Scheer.

Este livro foi impresso em papel
Reciclato, 90 g/m² (miolo) e 240 g/m² (capa),
com filmes fornecidos pelo editor, na
Gráfica e Editora Alaúde Ltda.,
Rua Santo Irineu, 170, São Paulo
(fone: 11 5575-4378),
em agosto de 2004.